JE VAIS CRAQUER

Chez le même éditeur

Le dictionnaire médical de la famille, sous la direction du Pr Michel Leporrier

Je déprime, c'est grave Docteur ? (Comprendre et soigner la dépression), par Patrick Lemoine

Les rythmes biologiques : mode d'emploi, par Alain Reinberg

La santé des voyageurs, par Éric Caumes

Henry Cuche
Alain Gérard

JE VAIS CRAQUER

Flammarion

1re édition, 1988
2e tirage, 1988
3e tirage, 1989
4e tirage, 1989
5e tirage, 1990
6e tirage, 1991
2e édition, 2002

Pour recevoir le catalogue Flammarion Médecine-Sciences,
il suffit d'envoyer vos nom et adresse à :

Flammarion Médecine-Sciences

4, rue Casimir-Delavigne
75006 Paris

ISBN : 2-08-202608-6

SOMMAIRE

Nous dédions ce livre aux déprimés

Ce livre contient un certain nombre de cas relatés.
Il est évident que tous les événements (noms, lieux, situations) qui risqueraient de porter atteinte au secret professionnel ont été supprimés ou modifiés.
Ces précautions déontologiques n'altèrent en rien la vérité humaine des témoignages.

Préambule

Rien d'essentiel n'a changé depuis quinze ans dans la clinique de la dépression : les symptômes fondamentaux que nous illustrions sont demeurés les mêmes. Trop souvent, hélas, ils ne sont reconnus ni par le patient, ni par son entourage, ni par le médecin.

Les idées reçues n'évoluent que lentement, les déprimés continuent d'être mal compris, mal aidés, beaucoup meurent encore par suicide.

Avec l'expérience acquise, une conviction n'a cessé de se renforcer : nous sommes certains qu'il nous faut être plus exigeant sur la qualité, l'intégralité de la guérison du premier épisode traité. Le match contre la dépression chronique ou récidivante exige efficacité et célérité : il faut prévenir l'éveil de la vulnérabilité acquise. Seuls des traitements personnalisés, adaptés à chaque patient, permettent de sortir de la spirale dépressive.

Avant-propos ou l'histoire du père Fernand

QUI EST DÉPRIMÉ ?

Le père Fernand, cinquante-six ans, est bien connu dans le village pour avoir ses humeurs, comme on dit.
Par périodes, il paraît taciturne, grommelle quelques mots, répond à peine quand on lui parle. Se déplace lentement, d'un pas pesant. Ne va plus aux matchs de foot, le dimanche… De temps en temps, le père Fernand lâchait d'une voix sourde : « J'va m'accrocher ». Hier, il s'est pendu…

La dépression n'est pas un privilège de classe, de nantis, réservé aux populations dites évoluées. On se déprime à Paris comme à Bamako, en Bretagne comme dans le Maghreb, à Saint-Hilaire-du-Harcouët comme aux îles Sous-le-Vent. On se déprime que l'on soit chirurgien, garagiste, paysan ou pêcheur de perles ; homme ou femme ; adolescent, adulte ou vieillard ; Noir ou Blanc… On se déprime que l'on vive sous les tropiques ou dans une H.L.M. ; près des cocotiers ou de l'autoroute. On se déprime riche ou pauvre, célibataire ou marié, père et mère de famille ou sans enfant, que l'on ait tout pour être heureux, comme on dit, ou pauvre comme Job.

Des estimations (Davidson, 1999) menées aux États-Unis donnent à penser que dans vingt ans la dépression sera la deuxième cause d'invalidité dans le monde, derrière les maladies cardiaques.

Au cours d'une vie, on a 5 à 10 % de risques de faire une dépression. Ces chiffres, déjà importants, sont sous-estimés, car une large proportion de déprimés ne consulte jamais ou n'est pas repérée. Beaucoup de déprimés, en effet, échappent à tout regard médical, certains consultent un médecin généraliste et seulement une infime minorité prendra rendez-vous avec un psychiatre. Bien que conscients de leur souffrance psychologique, beaucoup l'expriment en termes de maladie non spécifique, comme si un médecin ne pouvait entendre que des symptômes organiques, comme si leur état mental devait nécessairement dépendre d'un dérèglement d'une partie du corps.

Le nombre de déprimés de par le monde croît en même temps que l'espérance de vie ; il croît aussi du fait des transformations rapides du milieu physique et social pour chacun de nous. Ces transformations constituent des stress psychosociaux, des adaptations imposées.

La dépression survient lorsque le sujet ne peut s'adapter à une situation nouvelle. La vie moderne impose à chacun de nous de nombreux changements dans les mœurs, les modes de vie, les possibilités de travail ; autant de transformations qui peuvent conduire à des réactions dépressives.

La dépression n'est pas une maladie du siècle, elle a toujours existé. Elle est plus fréquente peut-être parce que les gens vivent plus vieux et qu'ils sont contraints, dans leur vie, à plus de changements rapides et importants.

La dépression constitue un sérieux problème de santé publique. Les chiffres obtenus par les études épidémiologiques sont impressionnants :

– une personne sur six a fait, fait ou fera une dépression au cours de sa vie ;

– tous les ans, il y a plus de 3 000 000 de français déprimés.

De plus, la dépression, jusque-là considérée comme ponctuelle, guérissable si correctement traitée, se transforme insidieusement en une maladie :

– de longue durée 45 mois environ selon (Tyler 1999) ;

– à caractère récurrent dans 75 à 80 % des cas ;

– et chronique dans 15 à 20 % des cas (Angst, 1998).

Ajoutons que les enquêtes (Le Pape, 1996) font apparaître qu'une dépression coûte environ 2 300 Euros par an en soins médicaux.

Ces données statistiques incontestables dans leur rigueur scientifique le sont néanmoins dans la façon d'appréhender la maladie et surtout le déprimé. Retenons que la dépression peut guérir spontanément, retenons aussi que **la dépression a une intensité qui varie entre le sévère, le moyen et le léger** et que ses conséquences dépendent aussi du déprimé, de son histoire et son contexte. Méfions-nous des effets d'annonce, retenons ces deux notions : réversibilité spontanée de la dépression et curabilité dans une proportion de 50 % à 90 % des cas selon les méthodes de soins. La dépression est souvent une grande souffrance mais elle demeure **une maladie de bon pronostic si elle est bien soignée**. N'occultons pas, cependant, l'importance des récurrences dépressives (50 % dans les deux ans qui suivent le premier épisode).

La polémique est vive quant à une surconsommation d'antidépresseurs dans notre pays, alors que beaucoup de rapports affirment que 50 % des déprimés en France sont mal ou pas soignés. Les efforts déployés pour que la maladie dépressive soit mieux reconnue et mieux traitée ont dérivé d'un discours médical à des préoccupations sociales. La souffrance morale, l'impossibilité d'éprouver du plaisir ont été gommés progressivement pour laisser place aux signes illustrant une désadaptation ou un handicap social. D'un point de vue médical, la maladie dépressive est mieux définie et mieux traitée et nous pouvons affirmer que nous soignons mieux les déprimés qu'il y a dix ans. D'un point de vue social, les états dépressifs seraient de plus en plus envahissants, durables et handicapants. Ce n'est pas la première fois que l'on constate un divorce entre l'approche individuelle centrée sur le malade et l'appréhension générale d'une maladie dans la société. À titre individuel, une consommation nationale excessive ou non d'antidépresseurs n'est pas notre affaire, il faut qu'elle soit adaptée. Toutes ces apparentes contradictions renforcent l'idée que le patient doit être bien informé (ce livre veut y participer) et qu'il ait un médecin avec qui il prenne les décisions pour son seul bénéfice et selon une méthode « personnalisée ». Une prise en charge efficace de la dépression réduit le recours à des ressources médicales onéreuses (hospitalisation), améliore la capacité fonctionnelle du sujet, augmente ses capacités de production. Une bonne prise en charge réduit les coûts pour la société et devient un enjeu majeur de santé publique.

La dépression est une maladie qui peut être mortelle. Plus de 12 000 suicides par an en France, 2/3 des morts par suicide étant dus à une dépression, et plus de 250 000 tentatives de suicide (ANAES, 1996).

Pour le groupe d'âge 25-34 ans, le suicide est la première cause de mortalité.

Chez les 20-24 ans, il arrive en deuxième position parmi les causes de mort… après les accidents.

Ici encore, en plus des pertes humaines, le coût économique est lourd.

Les pertes financières en relation avec le suicide ou les tentatives de suicide sont évaluées à la moitié des dépenses liées au tabagisme, au cinquième des énormes coûts dus à l'alcoolisme !

Reste une différence : la façon de le dire. Un guerrier bantou ne s'exprimera pas comme un New-yorkais après dix ans de psychanalyse ; un analphabète comme un poète ou un professeur de faculté, une fermière du Vaucluse ou une ouvrière du Minnesota comme une geisha japonaise. Les uns, pour parler de leur dépression, emploieront les mots dont ils ont l'usage habituel, ceux qui font partie de leur patrimoine, de leur culture, de leur mode de vie ou, parfois, tout bêtement de leur idiome. Ils diront : « J'ai envie de mourir. » Ils diront : « Je n'ai envie de rien. » Envie ? Mourir ? Ces simples mots, aussi incroyable que cela paraisse, n'existent pas dans toutes les langues. D'autres traduiront leur souffrance au travers de leur corps, en le faisant parler à leur place : « J'ai mal au cœur, j'ai mal au ventre. » D'autres, enfin, ne diront rien, passeront à l'acte : suicide…

Enfin, un bon nombre de personnes a encore honte d'avoir des troubles psychiques. Ce sont les sujets les plus jeunes, les plus instruits, et surtout de sexe féminin qui acceptent le mieux l'idée d'avoir des troubles dépressifs et qui en parlent le plus volontiers.

La dépression est-elle une maladie moderne ? Est-ce un « luxe » lié à l'ennui, à la sédentarité, à l'entassement dans les grandes villes, un « ras-le-bol », un réflexe contre la morosité ambiante, les difficultés de la vie ?

Dès le Ve siècle avant Jésus-Christ, Hippocrate donne de la dépression, sous le nom de mélancolie, la définition suivante : « une affection sans fièvre dans laquelle l'esprit triste reste sans raison fixé toujours sur la même idée, constamment abattu… ». Déjà, on dresse une liste des symptômes : perte de sommeil, manque d'appétit, désir de mort ; déjà, on cherche l'origine biologique du mal : « cette bile noire qui, en nous envahissant, agit sur le corps et sur l'âme pour créer tristesse et fatigue ». Déjà, on propose des solutions : « des aliments jeunes, tendres, joyeux, du vin… ». Déjà, surtout, on parle de l'importance du dialogue, de la nécessité de ne pas laisser seul un malade…

Mélancolie ? De Galien, médecin des gladiateurs passé ensuite au service exclusif de l'empereur Marc Aurèle, à Chirac, chirurgien-apothicaire de Louis XV, en passant par Dulaurens, praticien d'Henri IV, nombreux sont ceux qui ont réfléchi au problème et tenté de le résoudre par la rhubarbe, la saignée ou l'opium ; autrement dit les « médecines douces », la chirurgie ou les médicaments. Déjà au Moyen Âge, la dépression, associée à la folie, passe pour de la sorcellerie. On juge, on pend, on brûle si l'on pleure ou si l'on rit trop, si l'on fait bombance en carême, si l'on refuse l'enrôlement, si l'on n'est pas impressionné par les puissants de ce monde, hommes d'État ou hommes d'Église, si l'on invoque Lucifer et si l'on désire sa venue. Peintres et sculpteurs, depuis la Renaissance, avec Dürer notamment, puis Rembrandt, en font un sujet favori, précédant le XIXe siècle où, sous le nom de neurasthénie, de spleen ou de maladie de langueur, la dépression entre dans son âge d'or littéraire avec Nerval, Chateaubriand, Baudelaire…

Maladie du siècle ? Tandis que quelques médecins mondains préconisent à Rimbaud de longs voyages pour oublier sa morosité, d'autres comme le docteur Blanche, qui soigne Maupassant, renoncent déjà à cette méthode qui attend la guérison spontanée. Maladie à la mode ? Il est déjà de bon ton dans les salons de paraître alangui, désabusé, maladif et d'employer des mots dont on ignore véritablement le sens : « J'ai le spleen, écrit Balzac, mais j'ai confiance dans ma bonne étoile qui demain devrait m'apporter de l'argent dont j'ai besoin. » Lamartine écrit *Le Lac*, Chopin compose *Tristesse*…

Dépression est un mot qui connaît aujourd'hui toutes les dérives, et ce n'est pas le moindre problème : dépression = déprime = j'ai pas le moral = j'ai les boules = j'ai le bourdon = je craque = pas la frite, pas la pêche, pas dans mon assiette, ras-le-bol, etc.

Dépression est devenu un mot clé qui ouvre trop de serrures, il permet de parler d'à peu près tous les états d'âme de nos contemporains, de décrire tous les aspects de leur vie affective, normale ou non.

Plus personne n'ose dire « j'ai du chagrin ». La pudeur interdit même à beaucoup le simple « je suis triste ». On préfère « je suis déprimé ». Face à une accumulation de problèmes, dans une période de vie difficile, devant des contraintes psychologiques multiples, la tension anxieuse et la fatigue qui en résultent, la même formule valise tombe immanquablement : « Je suis déprimé. »

La dépression ne serait pas une maladie, une « vraie », mais des bleus à l'âme, liés à une personnalité fragile, pas une souffrance ; pas une réalité médicale comme le cancer, le diabète ou l'hypertension artérielle ; pas tangible, pas démontrable aux examens, à la radio. Elle serait réfractaire à la compréhension : « Il est jeune, beau, riche et pourtant déprimé. » Comme si « l'envie de rien » n'était pas pathologique, mais étrange... pour ne pas dire inavouable !

Or la dépression est une maladie, une vraie, avec des symptômes précis et d'autres atypiques, une véritable souffrance qui échappe à ceux qui la côtoient ; une maladie confondante parce qu'elle s'accompagne de tristesse, de fatigue, mais n'a rien à voir avec les problèmes de la vie quotidienne. Une maladie enfin qui se soigne... comme les autres et souvent mieux que beaucoup d'autres.

Et pourtant l'ensemble des enquêtes montre que 50 % des déprimés ne reçoivent pas les soins adéquats (il y a 10 ans, on parlait de 80 %).

Les déprimés, non ou mal soignés, sont les agents d'une surconsommation médicale : multiplication des consultations, nombreux traitements mal adaptés, arrêts de travail...

Tous les jours, nous rencontrons des déprimés victimes de la maladie dépressive et de l'incompréhension qui l'entoure.

Voilà pourquoi **« les déprimés en ont assez »**. Assez de souffrir (et quelle souffrance !) ; assez d'être méconnus, souvent méprisés, toujours soumis aux conseils intempestifs et culpabilisants de ceux qui les entourent.

Tous les jours nous constatons sur eux les effets dévastateurs des idées reçues : « Secoue-toi », « C'est un signe de faiblesse », « Si elle avait de vrais problèmes, elle n'aurait pas le temps de se déprimer ».

De tout cela, nous voulons porter témoignage. Ce livre n'est pas un traité sur la dépression, mais un reportage sur les déprimés, ceux qui les entourent et sur ceux qui les soignent.

Faire le procès des idées reçues, des fausses certitudes ou des jugements à l'emporte-pièce nous est apparu de première nécessité. La légèreté avec laquelle les gens se sentent autorisés à parler de dépression est confondante ! Ils ne veulent pas voir qu'il s'agit d'une maladie... Ils n'auraient pas les mêmes certitudes sur l'infarctus du myocarde ou la leucémie.

De plus, ils n'ont aucune idée des ravages que font de tels poncifs sur un déprimé qui souffre et qui n'en peut mais...

Pitié pour eux !

Au travers d'histoires vécues qui n'ont aucun caractère exceptionnel, nous voulons montrer comment se traduit cette maladie. Car, une fois encore, il s'agit bien d'une maladie. Ces gens souffrent et y a-t-il plus grande souffrance que celle qui vous fait désirer la mort ?

Retenons cette formule de notre collègue Louis Bertagna : « La dépression n'est pas une maladie comme les autres, mais comme les autres c'est une maladie. »

C'est une maladie qui peut mener au suicide, en particulier chez les jeunes et les sujets âgés.

La souffrance morale, le ralentissement, la rupture dans la vie d'un sujet, l'insomnie, les idées noires, la mort sont autant de réalités du déprimé que nous voudrions montrer plus qu'expliquer. Sentir la douleur du déprimé est le plus important. Vouloir l'expliquer est, en général, illusoire, source de contresens, de quiproquos et de procès d'intention. Tout ne s'explique pas dans la dépression, acceptons-le.

LA DÉPRESSION EST UNE MALADIE : ELLE SE SOIGNE

C'est une maladie contre laquelle nous avons fait beaucoup de progrès, ces dernières années. Comme l'a écrit le Professeur Pierre Deniker, il y a une « fin du tunnel ». Il y a des traitements efficaces qui, bien conduits, mènent à la guérison. La grande majorité des dépressions guérit spontanément ; mais on ne sait pas au bout de combien de mois ou d'années de souffrance, de rupture avec le monde, de risques de suicide. Les traitements ramènent les délais de guérison à quelques mois, sinon à quelques semaines. Il faut inciter le déprimé à se soigner ; l'en détourner peut être criminel.

Le traitement exige que le déprimé et le médecin fassent équipe ; chacun à son niveau d'implication, chacun avec ses limites. La collaboration s'avère, dans la grande majorité des cas, très efficace.

Se rendre compte qu'on est déprimé est souvent difficile. La prise de conscience faite (l'entourage peut jouer un rôle déterminant), il faut consulter et mener un traitement. Pour aider les déprimés, nous avons réalisé un guide pratique à la fin de ce livre. Vous y verrez comment choisir son médecin ; ce qu'on peut attendre de lui ; quelles sont les étapes du traitement ; quels sont les critères de guérison, etc. **Être déprimé n'est donc pas une fatalité dont on ne voit pas la fin**. La dépression est une maladie qui se soigne et se guérit dans la grande majorité des cas, pourvu qu'elle soit bien traitée.

Cet ouvrage n'est pas une compilation de recettes miracle, un « Comment ne pas se déprimer en 10 leçons ». Car, justement, la dépression peut surgir en dépit de tous les conseils de vie, malgré tous les « trucs ».

Méfions-nous des mots ! L'imprécision qui entoure le mot « dépression » et cela, même dans les milieux médicaux, a des conséquences graves : bon nombre de déprimés ne sont pas reconnus comme tels. Mal ou insuffisamment soignés, ils continuent de souffrir plus ou moins silencieusement. Parfois ils se suicident. Bien souvent, ils sont les victimes d'un mot qui a perdu sa force ou sa signification : dépression est devenu trop quotidien, trop banal. Employé à tort et à travers, un peu comme dans la fable : on crie trop « au loup ! » et quand il est là, on ne s'alarme plus.

Nous, psychiatres, nous n'aimons pas le mot « déprime ». Il ne fait qu'accroître l'imprécision en donnant un caractère banal et quotidien à ce qui ne l'est pas.

L'erreur peut être entretenue par un certain manque de vocabulaire ou, tout du moins, une approximation du langage courant. Ne sachant trop comment qualifier les difficultés du moment, leurs erreurs, leurs faiblesses, certaines personnes annoncent volontiers – et sur le mode péremptoire – qu'elles ont « la déprime » ou qu'elles sont déprimées. C'est sur des approximations de ce genre que se construisent les plus graves malentendus. Retenons bien que c'est, pour le déprimé, un motif supplémentaire de difficultés que d'entendre quelqu'un assimiler un simple cafard à la dépression réelle qu'il traverse.

Nous préférons le mot de **dépression**, qui désigne un état de maladie, un état de **rupture** avec l'état habituel.

Mais, bien sûr, la gravité des états dépressifs est très variable. Cela peut aller de la douleur morale insupportable, avec désir de mort permanent, à une réaction plus discrète, faite de tristesse, de pessimisme et d'une certaine apathie.

Beaucoup de dépressions ne sont donc pas diagnostiquées, ni soignées. En revanche, beaucoup d'états tels que angoisse, fatigue, voire surmenage ou chagrin, sont abusivement étiquetés dépression. L'imprécision est telle que, lorsque, parlant d'un malade à venir, quelqu'un nous dit « il est déprimé », nous lui demandons de nous décrire ce qui se passe vraiment ; la plupart du temps, il apparaît très vite qu'il s'agit d'autre chose : fatigue, angoisse, troubles de la personnalité ou, plus grave, délire, hallucinations...

Bref ! Le mal est étrange, il a des masques divers, il est souvent méconnu. Ceux qui en souffrent se sentent humiliés, sont souvent tournés en dérision. Voilà pourquoi nous dédions ce livre aux déprimés.

Qu'ils soient reconnus, qu'ils soient secourus, qu'ils soient guéris.

Nous verrons d'abord tout ce qui participe de l'incompréhension entourant déprimés et dépression. Puis, nous décrirons les malades et la maladie dans ses diverses formes, ainsi que les états souvent confondus avec la dépression, mais qui n'en relèvent pas. Enfin, nous envisagerons les traitements, et surtout la manière dont ils doivent être conduits par l'équipe malade-médecin.

Un guide pratique nous semble constituer la plus efficace des conclusions.

les déprimés en ont assez des idées reçues

Les déprimés en ont assez des idées reçues, des poncifs, des conseils qui leur sont assénés.

Toutes ces formules sont, comme le dit l'écrivain Pierre Daninos, des « conseils pour personnes en bonne santé ». Elles tendent à nier l'existence du mal.

Car tout le monde croit savoir ce qu'est la dépression.

Tout le monde, une fois dans sa vie, a connu un deuil, un chagrin, de sérieuses difficultés professionnelles, un énorme coup de pompe. Fort de cela, tout le monde sait tout de la dépression ; ou du moins croit le savoir... en ignorant que la dépression, c'est une rupture totale et que le pessimisme, le désir de fuite ou de mort, le ralentissement dans la vie du déprimé évoluent sans relation avec le contexte ; comme si la dépression suivait son propre chemin sans se préoccuper de ce qui se passe alentour. Et c'est sans doute ce qu'il y a de plus difficile à comprendre dans cette maladie. Si la dépression répondait à une logique, la question ne serait plus : « pourquoi y a-t-il autant de déprimés ? », mais plutôt : « pourquoi y en a-t-il si peu ? », tant il est vrai que chacun d'entre nous rencontre deuils, ruptures, déceptions, douleurs... au cours de sa vie.

L'étrangeté de ce phénomène explique les réactions généralement simplistes et excessives de l'entourage. Et ces fausses certitudes sont d'autant plus redoutables que le malade, dans son désarroi, absorbe comme une éponge tous les conseils sans faire ni différence, ni hiérarchie entre les conseilleurs.

Les déprimés en ont **assez de n'être pas reconnus**, y compris des médecins.

Comment comprendre que, tout allant bien, on puisse se déprimer ? Comment ne pas être critique vis-à-vis de celui qui « a tout pour être heureux » sauf, dans l'instant, l'aptitude à goûter le bonheur ? Le déprimé lui-même est déconcerté. Mais que lui arrive-t-il ? Quel est ce malaise étrange, cet accablement profond que rien ne justifie ? Devant le ralentissement, la tristesse, le manque d'intérêt, on s'étonne, puis on s'offusque.

Le fossé est grand entre le déprimé et les autres. La seule façon pour le médecin d'atténuer l'effet dévastateur de telles formules est d'en parler avec le déprimé. Ils constatent ensemble que les « autres ne peuvent pas comprendre… il n'y a pas à leur en vouloir… » ; c'est déjà un léger soulagement immédiat : le déprimé se sent moins seul, il a enfin un interlocuteur qui, du fait de son expérience, comprend ce qui lui arrive. Il a trouvé aussi quelqu'un prêt à l'aider et qui paraît en être capable. Ils vont « faire équipe » : non contre les autres, mais pour mener à bien le traitement sans tenir compte des affirmations, gratuites en apparence, mais ô combien traumatisantes pour le déprimé qui, bien sûr, les intègre volontiers aux multiples reproches qu'il se fait à lui-même.

Passons en revue les poncifs, ces propos de « café du Commerce ». Que plus jamais on n'entende ces formules assassines !

Un tel inventaire ne saurait être exhaustif. Dans ce domaine, invention et agressivité sont au pouvoir et ne tarissent jamais. Le sottisier, n'ayons pas peur du mot, reprend les principaux clichés : des jugements, des conseils, ou encore de la sollicitude mal adaptée… Tant d'erreurs trouvent leur origine dans la difficulté qu'il y a à comprendre la souffrance du déprimé ; comme à comprendre tout trouble mental…

QUELQUES PONCIFS…

« Il a tout pour être heureux »

En sortant de chez son médecin, Paul rencontre un ami de longue date à qui il confie qu'il souffre de dépression. La nouvelle sidère ce dernier, le laisse incrédule : « Il est fou ton médecin, il voit des déprimés partout ! Allons, mon vieux, t'es fatigué, t'as besoin de vacances… Viens, on va boire un pot. »

Difficile, en effet, de croire que Paul puisse être déprimé. Il a quarante ans, il est séduisant, en pleine forme physique. Il vient d'être promu chef du personnel de l'énorme entreprise à laquelle il appartient. Sa femme est ravissante, épanouie, ses deux fils sont adorables et travaillent bien à l'école.

Et pourtant, depuis trois mois, Paul se réveille à trois heures du matin, pense anxieusement à la journée qui s'annonce, se sent incapable d'affronter les conflits du bureau, transpire d'angoisse, est incapable de prendre une décision. Depuis tout à l'heure, il sait ce qu'il a : c'est une dépression. « Si, mon vieux, je suis déprimé, j'en ai marre, je suis sans arrêt à la limite de pleurer, j'ai peur de me flinguer. »

Cette histoire exemplaire est banale dans une consultation de psychiatre. Ce dernier constate et note que Paul a perdu le goût pour quoi que ce soit, qu'il souffre d'insomnie, surtout dans la deuxième partie de la nuit. Dès le réveil, c'est l'angoisse à la perspective de la journée qui s'annonce. Paul se plaint de ne plus pouvoir se concentrer, de ne plus savoir exécuter des tâches même très habituelles, de ne plus savoir prendre la moindre décision. Tout cela, associé à la tristesse, aux idées de mort, amène à la conclusion : Paul est déprimé.

Le diagnostic de dépression nerveuse se fait comme tout autre diagnostic en médecine. On recueille les informations, on regroupe les symptômes, on conclut. L'existence ou l'absence de cause logique évidente à la dépression ne doit pas faire réfuter le diagnostic. Il ne viendrait à personne l'idée de récuser le diagnostic d'infarctus du myocarde sous prétexte que le sujet est un grand sportif et que le matin même il faisait encore son jogging.

Il en est de même de la dépression. Pourquoi le déprimé devrait-il toujours avoir de bonnes raisons de l'être ? De plus, il est fréquent qu'on fasse reproche au déprimé de ne pouvoir alléguer de « bons motifs ». Cela dérange, cela rend agressif : ce chanceux, ce nanti qui se déprime ! « Ah ! S'il avait de vrais problèmes, il n'aurait pas le temps de se déprimer. » Quel verdict ! Quelle « erreur judiciaire » ! On ne reproche pas au cardiaque de n'être pas fumeur, de n'avoir pas de cholestérol – facteurs de risques des maladies cardiovasculaires. Pitié pour les déprimés !

Pour beaucoup, il n'y a pas de cause apparente ou bien la cause peut ne pas répondre à la logique commune ; ou encore la dépression trouve son origine dans l'intrication de plusieurs facteurs qui appartiennent à l'histoire du sujet, à des événements dont l'importance est subjective ; voire à l'héritage génétique, puisque certaines dépressions ont un caractère familial.

Plus grave encore ! Certains médecins attachés exclusivement à la dimension rationnelle de la médecine, c'est-à-dire à la maladie des organes (vision souvent naïve), partagent cette incrédulité de principe vis-à-vis des troubles dépressifs. Certains, en effet, ont une attitude dubitative, pour ne pas dire négative ou suspicieuse face au malade déprimé. Comme s'il ne s'agissait pas de vrais malades ! L'histoire suivante, hélas fréquente, illustre cette défiance à l'égard des troubles non lésionnels.

« Vous n'avez rien »

Depuis plus d'un an, Élisabeth consultait toutes sortes de spécialistes. La douleur abdominale, un moment ressentie, avait entraîné de nombreuses « radios », une fibroscopie et le « vous n'avez rien » du gastro-entérologue. Les palpitations, l'impression d'avoir le cœur dans un étau avaient déclenché électrocardiogramme, échographie… et le « vous n'avez rien » du cardiologue. L'arrêt des règles avait nécessité, toutes affaires cessantes, un bilan gynécologique. Même réponse du praticien. L'O.R.L., consulté pour des vertiges, avait embrayé sur le même leitmotiv : « Vous n'avez rien ».

Mais qu'a donc cette malade qui « n'a rien » ?

Elle n'a rien d'organique, la multiplicité des examens peut en attester. Est-ce une malade imaginaire ? Ah que non ! Personne ne pourrait prendre un réel plaisir à multiplier les consultations, à subir de nombreux examens, souvent pénibles. Les douleurs, les vertiges, l'arrêt des règles ne sont pas inventés. Mais ces troubles trouvent leur origine ailleurs que dans les organes incriminés, qui ne sont que la caisse de résonance d'un malaise plus lointain, d'accès moins direct et bien camouflé.

Cette dame qui « n'a rien » souffre, en fait, de dépression nerveuse à manifestations anxieuses dominantes. À peine un organe fait-il parler de lui qu'elle est convaincue qu'une chose grave va arriver et qu'il faut intervenir d'urgence. Durant les nombreuses démarches, les autres manifestations de la dépression sont maintenues au second plan et souvent mal interprétées.

Mais puisqu'on ne lui a rien trouvé, qui a tort dans cette histoire ?

La malade qui court d'un médecin à un autre ? Non, elle est entièrement mobilisée par la conviction d'être gravement atteinte.

Les médecins ? Pas vraiment : ils répondent à la question posée après un bilan bien conduit.

En fait, la maladie dépressive a la grande malignité de souvent se masquer derrière des troubles organiques. Il faudra du temps et de nombreux bilans négatifs avant que d'autres signes apparaissent et fassent conclure à une dépression. Établir un diagnostic à ce moment est devenu beaucoup plus facile.

Y a-t-il moyen, cependant, d'abréger la course douloureuse d'une telle patiente ? Certainement. En pensant plus souvent au diagnostic de dépression. Dans cette histoire, on ne peut accabler les spécialistes, encore eût-il été mieux de solliciter l'avis d'un psychiatre plutôt que de laisser tomber le : « vous n'avez rien » négatif, sinon accusateur.

Le « vous n'avez rien » devrait disparaître du vocabulaire médical, quand il signifie : il n'y a pas de lésion organique mais un trouble psychique. La souffrance psychique a autant de réalité que toute autre.

« Être déprimé, c'est une preuve de faiblesse »

Affirmation largement véhiculée dans le public, elle constitue une agression envers les déprimés. Agression d'autant plus grave qu'elle contient une part de vérité. Retenons surtout qu'elle est largement erronée.

Bon nombre de déprimés, avant de tomber malades, étaient en effet des gens reconnus pour leur caractère tonique et entreprenant. Ce qui explique qu'on soit très étonné lorsqu'ils deviennent dépressifs. « Toi, déprimé ! Je ne parviens pas à le croire. » La surprise est d'autant plus grande que, généralement, ces gens dynamiques se dépriment de façon assez brutale, avec ou sans raison apparente. Une fois guéris de leur dépression, ils retrouvent leur tonus d'antan. Peut-être auront-ils acquis une certaine philosophie de l'existence ? Ils seront, en tout cas, beaucoup plus compréhensifs pour les déprimés et, opinion d'orfèvre, trouveront insupportables ces jugements à l'emporte-pièce.

Estimer que la dépression constitue une preuve de faiblesse revient à en ignorer sa nature, à la confondre avec une attitude craintive dans l'existence, avec un fond d'anxiété permanent, une tendance à la recherche de protection, une hésitation devant tout événement un peu fort. Ces personnalités-là ne sont pas nécessairement celles des déprimés. La différence essentielle est que l'état dépressif est limité dans le temps, que c'est un changement temporaire, alors que l'anxiété, la passivité, la dépendance sont pour certains des constantes.

« C'est un truc de bonne femme »

C'est méprisant, c'est sexiste et c'est faux. Enfin presque...

Il est vrai que la dépression est plus fréquente chez la femme que chez l'homme dans la première partie de la vie. Mais cette différence s'estompe au-delà de la cinquantaine.

Une telle formule voudrait laisser entendre que la dépression est une faiblesse. Non, c'est un état passager de faiblesse pathologique qui survient aussi bien chez les « forts » que chez les « faibles », chez les hommes que chez les femmes, dont la prétendue faiblesse (au moins de caractère) n'est pas une évidence...

« C'est suspect »

Suspectes, ces absences répétées au travail. D'autant plus suspectes que quelques arrêts de travail apparaissent plus motivés par une certaine flemme ou un conflit latent que par une vraie maladie. Et justement, beaucoup de déprimés se rendent compte que leur maladie n'est pas considérée comme une « vraie maladie ».

Comme ils voudraient pouvoir exhiber une fracture, une vraie fièvre, une vraie toux, de vraies rougeurs... Quelque maladie à laquelle on puisse croire. Et montrer à l'employeur un bulletin ne mentionnant pas cette « dépression » aux contours vagues et qui sent son tire-au-flanc à dix lieues.

Cet état d'esprit est tellement répandu que certaines administrations, possédant leur propre système d'assurance maladie (nous ne ferons pas de délation), entérinent cette suspicion en distinguant, par exemple, la dépression nerveuse de la maladie mentale. Dans le premier cas, l'arrêt de travail entraîne la suppression des primes exceptionnelles. Pas dans le second. Voilà une ségrégation qui repose sur un postulat totalement aberrant : un déprimé ne serait pas vraiment un malade. Pour ces administrations, il apparaîtrait que, pour être déprimé, il faudrait un peu le vouloir. Elles n'ont même pas l'excuse de faire la chasse aux simulateurs. Car les simulateurs existent dans toutes les spécialités médicales où les signes de la maladie sont plus ou moins subjectifs.

Mais cette suspicion ne touche pas que le domaine professionnel. Elle imprègne tous les domaines de la vie sociale : imaginez que vous ayez sollicité un prêt de votre banquier et que celui-ci apprenne que vous êtes déprimé ? Il hésitera...

De même, un candidat à la présidence des États-Unis n'aurait pas le droit d'avoir été déprimé.

On comprend que l'obligation du secret médical doive être renforcée alors que tout tend, à l'heure actuelle, à violer ce secret.

« Secoue-toi ! »

Tentant, très tentant, d'essayer de « faire bouger » un déprimé : il est là devant nous, passif, accablé, sans réaction, immobile... et c'est pourtant un bien mauvais réflexe. Dire à un déprimé « secoue-toi », c'est exhorter un cul-de-jatte à courir plus vite. C'est non seulement inutile, mais c'est néfaste. Car le malade se culpabilise déjà à cause de son impuissance à réagir. Lui dire de se secouer ne fera qu'aggraver ce sentiment de culpabilité.

« Pars en vacances ! »

C'est une invite qui ne choque pas le bon sens : à l'époque romantique, le voyage sur le pourtour méditerranéen constituait le traitement de choix du mélancolique aisé. C'était une façon d'attendre la guérison spontanée de la dépression ; le voyage pouvait durer plusieurs années. La fatigue, l'insomnie, l'angoisse font partie de l'état dépressif. Ne va-t-on pas les faire disparaître grâce à du repos et de la détente ? Hélas non ! Une fois fixé dans son état dépressif, le déprimé emportera dans ses valises le pessimisme, le désespoir et la dévalorisation.

Au soleil, avec toute sa famille, au milieu des cris, à côté des planches à voile et des ballons, il n'a pas envie de jouer, de bouger, de parler... Le comique de service l'énerve. Il n'a même pas envie de lire. Quant à ses pulsions sexuelles, généralement favorisées par l'ambiance des vacances, elles vont rester désespérément assoupies. Il est convaincu d'avoir quelque chose de grave, mais il se sent coupable : « Avec tout ça, je devrais réagir... beaucoup aimeraient être à ma place ».

Prendre des vacances, c'est avoir la possibilité de se distraire ; le déprimé a perdu cette aptitude. Ce qui n'est pas le cas d'un fatigué, d'un surmené ou d'un anxieux, auxquels des vacances peuvent faire beaucoup de bien. Voilà bien un moyen de distinguer l'état dépressif de l'état de surmenage ou de fatigue.

Alors, pas de vacances pour le déprimé ? Si... Mais après ! En guise de convalescence, mais pas comme traitement proprement dit.

« J'ai fait une dépression, je te comprends »

Cette solidarité d'anciens combattants crée une pseudo-confrérie. Car ces soldats n'ont pas tous fait la même guerre. N'ayons pas peur d'enfoncer le clou : la dépression est un état très particulier qui ne saurait être confondu avec l'anxiété, la fatigue ou l'insomnie. Beaucoup de ceux qui pensent avoir fait une dépression n'ont eu que des difficultés conjugales, professionnelles, ou un deuil pénible. Ils ont oublié – peut-être ne l'ont-ils jamais su – qu'ils ont pu surmonter cette période critique grâce à leurs ressources psychologiques. Le déprimé ne dispose pas, ou plus, au moment de sa maladie, de ses capacités d'autodéfense.

La dépression implique tristesse, fatigue, angoisse, autant d'états que nous avons pu connaître, par moments, dans notre existence. Ce sont des instants pénibles de vie auxquels on associe d'habitude l'idée que ça ira mieux ou qu'un événement va venir transformer les choses.

Le déprimé, lui, ne se dit pas : « Demain est un autre jour », il vit son état comme définitif ; tout, pour lui, s'arrête dans cette douleur dépressive ; la notion de futur s'efface pour laisser place au sentiment d'enfer éternel. La raison, l'aide des autres lui font dire que cela pourrait changer, mais il n'y croit pas vraiment.

La dépression est une rupture avec l'état antérieur et s'instaure durablement : ce n'est pas un coup de cafard.

S'il nous est facile de croire que nous avons une dépression, c'est qu'au début, la tristesse, l'angoisse du déprimé ressemblent assez bien à ce que nous avons pu éprouver par instants. Cela explique que, de prime abord, on supporte bien le déprimé, on compatisse à son état. C'est avec le temps que le divorce se crée. On ne comprend plus, quelquefois même on accuse le déprimé de mauvaise volonté à guérir. Et si on s'ancre dans l'erreur, il ne reste plus qu'à conclure : « J'ai fait une dépression, je ne te comprends pas... »

« Il se complaît dans sa maladie »

Une agression... parmi d'autres. Cela fait des mois qu'il souffre (l'entourage aussi, mais quand même moins). « On a tout essayé pour le distraire, pour lui changer les idées... », rien n'a marché ; une conclusion s'impose : « Il s'y complaît. » Comment expliquer autrement l'échec de tant de sollicitude, de tant d'efforts ?

Quand comprendra-t-on que le déprimé ne peut pas fonctionner comme tout le monde ? Son état lui interdit la distraction, le plaisir, l'adaptation à l'environnement.

Nous pouvons affirmer, nous qui en voyons tous les jours, que jamais un déprimé ne se complaît, comme on dit, dans la souffrance dépressive.

Le drame est que, dans ses ruminations nourries de culpabilité, le déprimé lui-même, comble de l'injustice, se demande s'il n'y a pas complaisance de sa part !

« Il n'est pas si déprimé que ça... »

Autre formule brutale que l'on illustre volontiers en relatant que « l'autre soir, chez des amis, il avait l'air bien et il a beaucoup ri avec eux ».

Effectivement, un déprimé, même profondément atteint, voit quelquefois son état dépressif s'estomper passagèrement. C'est généralement le soir que ce genre d'embellie apparaît.

Cela ajoute aux doutes que le déprimé émet lui-même sur son propre état ; cela ajoute à l'incrédulité de l'entourage, voire à la critique et à l'agressivité.

Cela n'empêche pas rapidement (dès le lendemain matin) l'« enfer » de recommencer. Combien de déprimés se sont suicidés au petit matin après ce qui avait été « une bonne soirée » !

« Il se regarde trop le nombril »

C'est vrai, le déprimé est concentré sur lui-même. Il lui est impossible de se détacher de sa souffrance. Le mal est là, lancinant, il fait écran au monde extérieur qui perd même de son existence pour le déprimé.

Dans notre jargon, nous appelons cela : la concentration douloureuse. Ce n'est pas de l'égoïsme !

Le déprimé se reproche violemment cette incapacité à se détacher de son état douloureux. Cela lui est insupportable, mais imposé.

Quand il se rend compte que cette concentration douloureuse l'empêche de manifester de l'affection à ceux qu'il aime (sorte d'anesthésie des sentiments), la souffrance et le remords sont à leur comble.

Alors, de grâce, n'en rajoutons pas en le taxant d'égocentrisme ! Il se le reproche assez.

« Tu vis comme un fou »

L'absence de raison apparente conduit volontiers à l'accusation : « Ce n'est pas étonnant : tu vis comme un fou. »

En d'autres termes : on serait responsable de sa dépression. Cette perspective, rassurante pour les convaincus de leur bonne hygiène de vie, comporte une part de vérité.

En effet, un surmenage, entretenu sciemment, un excès d'excitants (tabac, café, et surtout anorexigènes), un recours excessif à l'alcool peuvent conduire à une rupture dépressive.

Mais, souvent, la cause évoquée est en fait le premier symptôme de l'état dépressif. En effet, certains sujets, déprimés sans le savoir, tentent un long moment de lutter contre leur fatigue, leur manque d'entrain et d'envie par l'usage de produits qu'ils savent stimulants et dont ils n'ignorent pas les dangers. Prétendre qu'ils se sont déprimés à la suite de ces abus revient à oublier que c'est la dépression, non reconnue jusqu'alors, qui a engendré ces excès.

« Tu vis comme un fou » implique évidemment que le retour à une bonne hygiène de vie sera salvateur. Les conseils sont alors incessants : « Fais du sport, la gymnastique c'est bon pour la tête… ». Autant de recommandations pour personnes en bonne santé que le déprimé ne peut suivre, du fait même de son état.

Malheureusement, faire du sport, bien se nourrir et veiller à son sommeil ne constituent pas une protection absolue contre la dépression, et encore moins un moyen, à soi seul, d'en sortir.

Le refus de ce que l'on ne comprend pas, le malaise à vivre auprès d'un déprimé font s'étendre le procès. La médecine et le psychiatre font vite office de boucs émissaires, de là, quelques perles à ajouter à cette étonnante brochette d'idées fausses.

« À force de voir des déprimés, vous devez en voir partout »

Cette petite phrase, on nous l'assène, à nous psychiatres, trois fois par jour, au moins. Mais c'est justement parce que l'on voit beaucoup de déprimés qu'on n'en voit pas partout. Notre formation de spécialistes, notre expérience nous permettent plus facilement qu'à d'autres d'établir notre diagnostic. Ce n'est pas du flou artistique, c'est une rigoureuse évaluation.

La dépression n'est pas un « état d'âme », mais un état de maladie bien précis. Établir le diagnostic de dépression nerveuse demande une formation particulière ; en déceler les symptômes et comprendre leur valeur exige une longue expérience.

Les psychiatres ne voient pas des déprimés partout, même si, dans leur clientèle, le diagnostic de dépression est fréquent.

« Le psychiatre, c'est bon pour les fous… »

Pour le déprimé, cette formule est souvent le dernier moyen d'éviter le diagnostic : aller voir un psychiatre, c'est reconnaître que sa maladie est une maladie mentale. Ce souci de récuser la dépression, en tant que maladie concernant le cerveau, est tellement fréquent qu'il est même partagé par certains médecins qui éprouvent le besoin de « protéger » leur malade de la psychiatrie. Cette prévention tient avant tout à la méconnaissance du rôle exact du psychiatre. Elle a des racines historiques.

La folie a toujours fait peur. Au Moyen Âge, elle conduisait au bûcher. Jusqu'à ces dernières décennies, le psychiatre, que l'on appelait alors aliéniste, assistait, impuissant, au déroulement des troubles mentaux dans des lieux reculés, nommés asiles d'aliénés.

Tout cela a beaucoup changé. Depuis vingt ans, les progrès de la psychiatrie l'ont amenée au rang de spécialité médicale, au même titre que la cardiologie ou la gynécologie. Cependant, les idées fausses ont la vie dure : on continue à menacer tel ou tel original de le conduire à Charenton ou à Sainte-Anne.

Malgré les progrès récents venus modifier le traitement de la dépression, cette maladie garde une image irréelle. Les préventions à l'égard des spécialistes qui les traitent sont telles que, si le malade va mieux, on préfère remercier la nature ou conclure : « Tu vois, tu n'étais pas malade. » Et s'il ne guérit pas, on dira volontiers : « Le psychiatre l'a rendu encore plus fou ».

« Il faut se méfier des psychiatres, ils sont plus fous que leurs malades »

C'est une des idées qui figurent, depuis des lustres, au tableau d'honneur des imbécillités redondantes. C'est bien connu, on ne peut soigner un fou que si l'on est fou soi-même.

Plus banale et plus répandue enfin, l'idée court que, à force de fréquenter des déprimés, nous puissions nous-mêmes le devenir. Comme s'il s'agissait d'une maladie contagieuse.

Eh bien, non, cela ne s'attrape pas. Bien saisir la souffrance du patient ne signifie pas le rejoindre dans les sables mouvants de son trouble ; c'est, au contraire, en restant à bonne distance, sur la terre ferme, que l'on peut au mieux l'en tirer. Autant il est important de compatir à la souffrance du déprimé, autant il est nécessaire de ne pas s'y perdre soi-même.

Évidemment, on peut être ému en écoutant le triste récit des expériences du déprimé. Mais notre rôle ne consiste pas à partager superficiellement sa tristesse. Il est de lui montrer que l'on a compris sa situation, ce qui constitue un premier soulagement, et que l'on a le désir et les moyens de lui venir en aide.

« Ça ne guérit jamais »

Jugement pessimiste qui, peut-être, concerne de nombreux troubles psychiques, mais sûrement pas la dépression. On retrouve là une illustration supplémentaire de la confusion permanente entre la dépression et certains troubles psychologiques ou psychiatriques. Il est vrai que des troubles profonds de la personnalité ne peuvent pas être guéris. Il est vrai que certaines maladies mentales sont chroniques et irréversibles. Mais ce n'est pas le cas de la dépression.

Oui, de la grande majorité des dépressions, on guérit. À condition qu'il n'y ait pas de confusion dans les termes et qu'on fasse bien ce qu'il faut. Car, effectivement, un déprimé peut rechuter. Dormant mieux, moins anxieux, moins triste, moins accablé, il a cru qu'il était guéri, alors qu'il ne s'agissait que d'une amélioration. Interrompre le traitement dans ce cas-là équivaut presque à coup sûr à une rechute.

Mais il y a aussi les cas de vraie récidive. Certaines dépressions sont de ce type. Totalement guéri, le malade peut, à nouveau, être déprimé quelques mois ou quelques années plus tard. Faut-il en conclure pour autant que celui qui a fait une première dépression en fera une autre ? Difficile de répondre avec certitude : aucun élément fiable ne permet d'envisager un pronostic à long terme. La récidive est une réalité prouvée par les chiffres. Mais la guérison peut tout aussi bien être définitive.

La guérison d'un état dépressif, c'est le retour à l'état antérieur. Bien sûr, si cet état était caractérisé par de sérieux troubles de la personnalité, l'ex-déprimé retrouvera ces troubles. C'est pourquoi, fréquemment, à l'issue d'une dépression, nous conseillons une psychothérapie. Ce n'est plus sur la dépression qu'il faut alors se pencher, mais sur les troubles psychologiques qui en sont, peut-être, en partie responsables.

« Arrête toutes ces cochonneries »

Sollicitude, que d'erreurs on commet en ton nom ! Il est sûrement bien intentionné l'ami qui conseille au déprimé : « Arrête ton traitement ». Il ne sait pas le mal qu'il fait en niant ainsi l'existence de la maladie et en semant le doute. Il prend l'effet – les symptômes de la dépression – pour la cause et ôte ainsi à son ami toute possibilité de guérir. Il est vrai que les antidépresseurs, comme tous les médicaments actifs, ont des effets indésirables, plus marqués en début de traitement. Mais c'est là un petit mal pour un grand bien. D'ailleurs, ces effets secondaires sont faciles à contrôler.

Le paradoxe est à son comble quand le même conseilleur propose à son ami d'autres petites pastilles : « Tu devrais prendre ça, ça a réussi à… ». On ne dira jamais assez les ravages de l'automédication, mais c'est surtout dans ce domaine qu'elle est la plus nuisible. Les petites pastilles en question sont très certainement efficaces pour des anxieux, des insomniaques, des asthéniques. Elles n'aideront pas le déprimé. Il n'y a pas de mauvais médicament. Il n'y a que des médicaments mal utilisés et parfois – il faut oser le dire – mal prescrits.

« Tes trucs, ça rend impuissant »

En fait – et la plupart des déprimés s'en rendent compte – les troubles de la sexualité ont généralement été un des premiers symptômes de la dépression et sont antérieurs au traitement.

Il est vrai, cependant, que les antidépresseurs peuvent diminuer, voire supprimer, assez fréquemment le désir ou les possibilités de réalisation sexuelle. Le malade doit en être informé. Mais il faut lui dire aussi que ce n'est que temporaire. Généralement, lorsque les antidépresseurs ont triomphé de la dépression, l'activité sexuelle redevient normale, même si le traitement est poursuivi ; c'est d'ailleurs un des critères de guérison du déprimé. Si malgré la guérison clinique la diminution de la libido devait perdurer et poser problème, le patient et le médecin pourraient décider d'interrompre le traitement plus tôt que prévu.

« Tous ces médicaments, ça supprime la mémoire »

Formule lapidaire, à l'origine de nombreuses interruptions intempestives du traitement.

Là encore, la réalité est complexe. Il est vrai que les tranquillisants et les hypnotiques altèrent la mémoire et, notamment, celle des faits récents. Mais la dépression et l'anxiété ont un effet encore plus grave sur la mémoire et sur toutes les fonctions intellectuelles.

On ne soumet pas un déprimé à des tests de niveau intellectuel : fût-il major de Polytechnique, il n'en sortirait pas à son avantage. Mais, une fois guéri de sa dépression, il retrouvera un fonctionnement intellectuel normal.

En pratique, sachant l'effet indésirable sur la mémoire des tranquillisants et des somnifères, on les utilisera sur la durée limitée où ils demeurent indispensables. Les antidépresseurs n'ont pas les mêmes inconvénients, nous y reviendrons.

« On est drogué, puisqu'on est dépendant du traitement »

Constat qui provoque beaucoup d'inquiétude et renforce la prévention du déprimé par rapport aux médicaments. Bien sûr, on est dépendant durant la période du traitement qui doit entraîner la guérison. Tout arrêt intempestif se traduit par une reprise des signes de la maladie. Le traitement d'un état dépressif exige plusieurs mois. Et pendant tout ce temps, le déprimé, pour être bien, est effectivement « dépendant » de son traitement.

Mais une fois guéri, il peut interrompre les médicaments sans inconvénients. Simplement, il faut le faire de façon progressive.

Et si on est « dépendant », ce sera plutôt des tranquillisants et des hypnotiques pris en automédication et sans contrôle.

2 un diagnostic difficile

C'est souvent après plusieurs mois de souffrance, parfois après plus d'un an, que le diagnostic de dépression est posé et qu'un traitement est entrepris.

Quelles explications donner à un tel retard ? Deux facteurs principaux peuvent être isolés : la difficulté réelle à faire le diagnostic de dépression nerveuse ; les préventions, à tous les échelons, en ce qui concerne cette maladie.

Et si c'était une maladie organique ?

Le mal, à son début, s'insinue plus souvent qu'il n'éclate bruyamment. En même temps que les symptômes apparaissent, le mode de pensée du sujet se modifie, tendant vers la passivité. Le malade lui-même, bien que souffrant, n'a pas une conscience exacte de ce qui lui arrive, de cette transformation progressive.

Il faut qu'un ou deux symptômes dominent pour qu'il en vienne à consulter : fatigue, constipation, troubles digestifs... Lors de la première consultation, le diagnostic n'est pas toujours évident. De plus, certaines manifestations orientent vers des troubles organiques, obligent à des bilans qui ne font que retarder le diagnostic et dévient l'attention sur une pathologie organique alors qu'il s'agit de troubles psychiques.

Un tel délai est inévitable. On ne peut prendre le risque de laisser évoluer une maladie organique ; d'autant qu'il est fréquent que certaines maladies soient précédées ou inaugurées par un syndrome dépressif : maladie de Parkinson, cancers digestifs, infarctus du myocarde.

L'histoire de Dominique a débuté il y a six mois. Brutalement, alors qu'elle était en parfaite santé, que l'entreprise qu'elle a montée avait d'excellents résultats, que sa vie de famille était en tous points satisfaisante, elle est devenue dépressive. Cette femme de quarante-huit ans s'est mise à pleurer de plus en plus souvent. Elle souffrait d'angoisse, d'insomnie, de difficultés de concentration, de pertes de mémoire et pensait souvent à la mort. C'était impressionnant. Aucun trouble psychologique dans la vie de Dominique, aucun antécédent psychiatrique dans la famille. Le médecin restait perplexe. Alors, il a fait pratiquer un scanner : Dominique souffrait d'une tumeur bénigne du cerveau (méningiome). Elle a été opérée. Elle n'est plus déprimée. C'était bien dans la tête…

Ce n'est pas toujours dans la tête, mais il suffit d'une fois…

Les frontières entre neurologie et psychiatrie sont confuses et les causes des états dépressifs sont multiples. Dans certains cas, c'est une atteinte parfaitement organique, la lésion précise d'une zone du cerveau, qui est à l'origine de l'état dépressif. Cette éventualité explique pourquoi les psychiatres, comme d'autres médecins, sont conduits, devant certains symptômes, à faire un examen physique de leurs malades, à demander des examens complémentaires, des électro-encéphalogrammes, des radios, des scanners, des prises de sang.

Un état dépressif peut être la première manifestation d'une tumeur du cerveau ou d'une maladie de Parkinson. C'est ce qu'il faut systématiquement rechercher chez un sujet à partir de quarante-cinq ans, sans antécédent particulier, qui fait pour la première fois une dépression.

D'ailleurs nous verrons que, même si le diagnostic de dépression est évident, il faudra souvent faire un bilan à la recherche d'une tumeur du cerveau, d'une insuffisance thyroïdienne ou autres maladies dont les premiers symptômes sont volontiers dépressifs.

Mais il est des retards beaucoup plus critiquables : celui par exemple qui fait suite à une erreur de diagnostic, confondant fatigue et dépression, ou encore angoisse et dépression. De telles erreurs conduisent à des prescriptions inadaptées telles que « fortifiants » ou tranquillisants. Le mal continuera d'évoluer, la fatigue sera peut-être accrue du fait des tranquillisants, le désespoir s'installera insensiblement.

Rappelons que ce type d'erreur, ô combien fréquente, vient le plus souvent de ce qu'on ne trouve pas de cause apparente à la dépression. Vous savez, le fameux « Il a tout pour être heureux... » qui fait refuser le diagnostic de dépression.

Le déprimé lui-même participe à l'erreur diagnostique. Il préfère s'entendre dire qu'il est « fatigué » ou « nerveux » plutôt que déprimé.

Gâtisme ou dépression ?

Les difficultés du diagnostic sont très grandes chez les personnes âgées. Surtout, il y a un grand risque de confondre le ralentissement du déprimé avec les symptômes d'un vieillissement accéléré.

Comme dans l'histoire suivante, on n'acceptera les effets irréversibles de l'âge qu'après avoir éliminé toute cause curable et, en premier lieu, une dépression.

Au téléphone, un ami médecin : « Ma mère est gâteuse ! Vous ne voudriez pas la voir ? » Par amitié, il faut bien accepter, mais que faire dans un tel cas ?

La grand-mère – elle s'appelle Irène – était presque incapable de répondre aux questions. Recroquevillée sur le fauteuil, elle marmonnait, plus qu'elle ne parlait. Sa litanie : « Je n'ai plus de quoi vivre ». Alors qu'on la savait plutôt aisée.

Son fils nous a confirmé qu'elle était en très bon état physique, si l'on excepte les cinq kilos qu'elle avait perdus au cours des quatre derniers mois. Mais il nous a surtout paru surpris par l'évolution rapide de son état : « Rendez-vous compte, ma mère a quatre-vingt-deux ans. Jusqu'à ces derniers temps, elle en faisait dix de moins, jouait au bridge tous les jours dans son club, et allait au spectacle, au moins une fois par semaine. La transformation est incroyable. Et, je vous assure, elle n'a rien au plan physique. Je lui ai fait faire un scanner : le cerveau est normal, il n'y a pas de ramollissement. »

Nous aussi, nous étions étonnés : changement brutal de comportement, sans cause apparente et surtout sans maladie organique. Quel diagnostic établir ? « Écoutez, nous pensons que votre mère fait une dépression. C'est un cas que nous voyons assez souvent. Si nous nous trompons, l'erreur ne portera pas à conséquence : contre le gâtisme, on ne peut rien faire et on ne risque pas de l'aggraver. Faisons le pari et espérons que ce soit une dépression. »

Irène a été hospitalisée quatre semaines ; elle a subi cinq électrochocs. Elle est sortie avec trois kilos de plus, plaisantant avec tout le monde, surprenante de fraîcheur. Elle se demandait encore ce qui lui était arrivé. Un peu plus tard, son fils nous a rappelé : « Elle a repris son bridge quotidien et ses sorties hebdomadaires ».

L'histoire, en effet, n'était pas claire.

La différence, chez les sujets âgés, est souvent difficile à faire entre un état dépressif et un état démentiel, lié à l'involution cérébrale, au vieillissement accéléré du cerveau. Et pourtant, ça change tout ; surtout l'avenir du sujet...

Si Irène avait été atteinte de démence sénile, elle n'aurait jamais repris son bridge. Ses troubles intellectuels seraient allés en s'aggravant : mémoire de plus en plus défaillante, tendance à se perdre dans la rue, troubles du jugement et souvent quelques idées de persécution. Puis seraient intervenues des difficultés dans les gestes de la vie quotidienne, accompagnées d'une certaine perte d'autonomie : difficultés pour s'habiller, se laver, préparer ses repas... Mais le scanner n'avait rien montré : ce n'était donc pas un problème neurologique.

Deux éléments principaux avaient attiré notre attention. Le premier était la brutalité de la « décompensation » : quelques semaines plus tôt, Irène jouait chaque jour au bridge. Or les états démentiels évoluent rarement aussi vite. La détérioration psychologique et celle des fonctions intellectuelles est progressive : des mois, quelques années, mais pas quelques semaines.

Par ailleurs, Irène se plaignait de « manquer ». Ce genre de préoccupation excessive n'est certes pas l'apanage des déprimés âgés, mais constitue un indice très fort.

Attention donc avant de conclure trop vite au gâtisme. Ici encore, les erreurs se paient extrêmement cher. Mal traitée ou traitée pour un faux diagnostic, Irène aurait continué de maigrir, son état général se serait altéré, ses fonctions physiologiques se seraient dégradées.

Après cinq séances d'électrochocs, elle a retrouvé son niveau habituel de vie.

L'électrochoc, contrairement à ce qu'on pense en général, est le traitement le plus efficace et le moins dangereux pour une personne âgée déprimée.

Pour raccourcir le retard dans le diagnostic et dans le traitement de la dépression, deux évolutions sont nécessaires :

– que les médecins soient bien formés aux troubles de l'esprit (heureusement, beaucoup le sont déjà) ;

– que les déprimés, et surtout ceux qui les entourent, abordent la maladie dépressive comme toute autre maladie et donc consultent au plus tôt.

Consulter, oui, mais qui ?

3 les déprimés en ont assez de ne pas savoir à qui s'adresser

Même dans la population dite cultivée, on confond psychiatre, psychanalyste, psychologue, voire neurologue.

S'adresser à son médecin de famille est une bonne chose. Encore faut-il que ce dernier soit intéressé par ce type de troubles, qu'il ne temporise pas sur le mode « C'est un peu de fatigue » ou « Ça va passer avec les vacances ». Le médecin généraliste peut être un bon interlocuteur, s'il sait s'adresser au spécialiste en cas de doute et s'il ne laisse pas évoluer un état dépressif pendant des mois en le traitant pour autre chose.

Dans tous les cas ou presque, on constate qu'il n'est pas facile de consulter un psychiatre. En fait, ce n'est pas tellement du psychiatre, mais de la dépression et des maladies mentales en général que l'on se méfie. Et on camoufle cette peur en escamotant le « psychiatre ». On déclare alors qu'on va voir le neurologue, le psychologue ou le psychanalyste. Toutes professions qui n'ont que peu de rapports avec la psychiatrie, mais dont le nom sonne de façon moins « traumatisante ».

Psychiatres, neurologues, psychologues, psychanalystes...

Soixante-douze ans, portant beau, n'ayant jamais été malade, Roger vient consulter. C'est le neurologue qu'il vient voir. Pas le psychiatre. Surtout pas ! Il n'est pas fou, lui ! Il fait simplement de l'anémie cérébrale. C'est du moins ce qu'il explique.

Depuis six mois environ, il a d'énormes trous de mémoire : « J'oublie jusqu'au nom de mes petits-enfants ». Il n'arrive plus à se concentrer, pas même sur son journal habituel. Il ne peut plus suivre la télévision, d'ailleurs le bruit lui est insupportable. Le seul moment heureux de sa journée, c'est quand il va au lit. Il a conscience d'être devenu intolérant, irascible. Mais

comme il est resté alerte et étonnamment jeune jusqu'à ces derniers temps, le gâtisme ne lui paraît pas une explication à son état. Plutôt une menace à moyen terme. Il a fait son propre diagnostic : ce serait ses neurones qui ne seraient plus suffisamment oxygénés : « Docteur, je fais de l'anémie cérébrale, n'est-ce pas ? »
Cet homme intelligent se sent malade. Inconsciemment, il craint d'être déprimé. Il a vu, autour de lui, des amis déprimés. Il sait un peu de quoi il retourne, mais l'idée d'une maladie mentale le dérange trop. Une anémie, ça se soigne chez un vrai docteur ; une anémie cérébrale, c'est l'affaire du neurologue, un spécialiste sérieux, pas un médecin « pour vieux monsieur en train de devenir fou ».
Le confrère neurologue redresse bien sûr le diagnostic ; explique que l'anémie cérébrale, ça n'existe pas vraiment, mais qu'en revanche, ce qui existe, c'est la dépression et que c'est exactement ce que Roger est en train de vivre.
Le traitement est possible et il sera prescrit.

Le **psychiatre** est un médecin qui, après sept ans d'études et l'obtention de son doctorat en médecine, poursuit une spécialisation de quatre ans, au cours de laquelle il précise, approfondit et améliore sa connaissance des troubles mentaux. Cette formation complémentaire, longue et très spécialisée, le conduit, entre autres sujets, à creuser en tous sens le problème de la maladie dépressive.

La pratique aidant, il vient à en connaître les formes, les limites et les pièges.

Il apprend à utiliser les traitements psychologiques et médicamenteux.

Le **neurologue**, lui, soigne les nerfs, dont l'atteinte se manifeste essentiellement par des paralysies, des douleurs, des troubles de la coordination des mouvements ou des troubles de l'équilibre. C'est une toute autre spécialité médicale.

Le **psychologue** étudie les processus psychiques normaux. Dans certains cas, il se spécialise et apprend alors à connaître les troubles pathologiques. Mais n'étant pas médecin, il ne peut prescrire de médicaments et son intervention concerne le seul domaine de la psychothérapie.

Quant au **psychanalyste**, il n'est pas obligatoirement médecin et appuie sa pratique sur une technique très particulière. La psychanalyse, méthode d'investigation et de traitement, a pour spécificité de s'intéresser à l'inconscient. Cette technique n'est jamais utilisable d'emblée chez les déprimés. Elle peut être utile, dans un second temps, pour aider certains d'entre eux.

Quand on est déprimé, on doit en premier lieu consulter son médecin généraliste. Mais il ne faut pas hésiter, dans certains cas, à consulter le spécialiste : le psychiatre. La médecine est devenue trop complexe pour qu'un seul praticien puisse connaître parfaitement toutes les différentes disciplines médicales. Quand il s'agit, selon toute probabilité, d'un trouble psychique délicat, **mieux vaut s'adresser au psychiatre**. Ce dernier ne voit pas « que des fous », la dépression n'est pas une « folie » mais une atteinte psychique qui demande une approche et des traitements spécialisés.

Attention aux charlatans ! Combien sont-ils à prétendre traiter les troubles dépressifs par des médecines douces, l'iridologie, le magnétisme, la magie ? Y a-t-il proie plus facile qu'un déprimé se sachant mal, mais n'étant pas convaincu d'être malade ? La tentation est grande pour lui de recourir à l'irrationnel, à l'ésotérisme, au charlatanisme. Souvent, cela constitue l'ultime façon de fuir le diagnostic, d'ignorer sa maladie.

De telles pratiques sont scandaleuses et dangereuses, puisqu'elles laissent évoluer le mal. Bien sûr, certains peuvent se trouver guéris, pour la raison que beaucoup de dépressions guérissent spontanément ; mais on ne sait jamais au bout de combien de mois de souffrance. Quant aux autres, c'est la dérive, le marasme, l'aggravation.

La dépression est une maladie qui se soigne. Il faut donc s'en remettre à ceux qui connaissent au mieux la question. Même si, pour les spécialistes, il y a encore beaucoup de points obscurs dans cette pathologie. Retenons cependant que les progrès accomplis ces trente dernières années sont considérables. Ils permettent de soulager la grande majorité des déprimés.

La dépression n'est pas une maladie honteuse ; cela se soigne bien, il faut consulter au plus tôt.

4 *la maladie dépressive*

La dépression nerveuse est une maladie globale qui affecte l'esprit, mais aussi le corps. Les symptômes de cette maladie sont, pour certains, subjectifs, pour d'autres, objectifs. Les uns et les autres conduisent à un diagnostic, beaucoup plus précis et rigoureux qu'on ne le pense généralement. Le diagnostic repose sur la notion d'un changement, **d'une rupture** dans la façon dont le sujet appréhende la vie.

À partir de cette rupture, de nombreuses transformations vont intervenir que l'on peut observer ou qui sont constatées par le sujet déprimé.

LES ASPECTS DE LA DÉPRESSION

La maladie dépressive atteint la vie affective, la vie intellectuelle et la vie somatique. Généralement, les symptômes affectifs sont dominants, mais ce n'est pas une règle absolue. Il faut d'emblée insister sur la multiplicité des formes de dépression, même si toutes comportent un noyau commun. Comme dans un jeu de miroirs, les signes se déforment, grandissent, s'inversent. La perte d'appétit se transforme en boulimie, l'insomnie peut être remplacée par des nuits de quatorze heures, l'amaigrissement laisse place à une prise de poids. Si la dépression est en butte à tant d'idées fausses, c'est peut-être aussi à cause de ses multiples facettes ; certaines se reconnaissent vite, d'autres se cachent, d'autres encore varient.

De plus, les symptômes de la dépression ont une expression et un éclairage différents selon la personnalité et l'histoire du déprimé.

Mais attention ! Si l'expression diffère selon les malades, la nature clinique de la maladie dépressive demeure.

La dépression s'exprime alors par l'humeur dépressive, par l'angoisse, par les troubles du caractère, l'instabilité émotionnelle, par l'anesthésie affective, par la douleur morale, la culpabilité et l'idée de mort.

L'humeur dépressive

Le premier fait observé est l'altération de l'humeur, cette « disposition affective fondamentale... qui donne à chacun de nos états d'âme une tonalité agréable ou désagréable... » (J. Delay). La vie affective du déprimé est donc changée. Les affects, sorte d'expériences internes qui oscillent normalement entre le plaisir et le déplaisir ou encore entre l'agréable et le désagréable, se figent durablement dans le négatif, le pénible. L'humeur dépressive n'est pas seulement la tristesse. Être triste n'est pas une maladie, c'est une adaptation normale à un événement, à une situation pénible, frustrante ou douloureuse. Cette tristesse normale cesse quand disparaît sa cause.

La tristesse pathologique du déprimé, au contraire, peut ne pas avoir de cause apparente, peut être sans proportion avec un événement causal et, en tout cas, ne cède pas du fait de la disparition de la cause. L'humeur demeure dépressive indépendamment du contexte, contrairement à l'humeur normale qui oscille sans cesse, qui s'adapte aux circonstances. Cette **insensibilité de l'humeur dépressive à l'environnement**, fait fondamental de la dépression nerveuse, est à l'origine de nombreux malentendus et incompréhensions, et explique pourquoi tous les « bons conseils » comme : « Pars en vacances » ou « Distrais-toi » sont totalement incongrus.

L'angoisse, ou l'anxiété, est un état de malaise très habituel du sujet déprimé. Cette attente pénible d'un danger mal défini est une expérience que tous, déprimés ou non, nous avons connue ; cela ne veut pas dire que nous avons tous une expérience de la dépression.

Les troubles du caractère sont fréquents et souvent précoces dans la symptomatologie dépressive. La bouderie, l'irritabilité, voire la colère, le refus et la violence étonnent l'entourage qui ne connaissait pas le déprimé sous cet aspect. Les troubles du caractère génèrent intolérances et malentendus puisqu'ils peuvent masquer, pendant longtemps, les autres signes de la dépression.

Certains déprimés, au contraire, apparaissent distants, malléables, indifférents, sacrifiant seulement à quelques automatismes sociaux. Cette impassibilité, cette urbanité indifférente sont en fait une façon de tenir l'autre à distance de sa souffrance, tant le déprimé est convaincu que l'autre ne peut comprendre ou tant il est convaincu, dans sa pensée dépressive, qu'il ne mérite pas qu'autrui s'intéresse à lui. À un degré de plus, le déprimé, quelquefois, arborera une gaieté feinte. Autant de comportements qui ne doivent pas rassurer, car chez ce type de déprimé l'éventualité du suicide est extrêmement grande.

L'instabilité émotionnelle est fréquemment décrite par les déprimés. La dépression, en effet, provoque des réactions émotionnelles intempestives, disproportionnées et toujours de tonalité désagréable et triste. C'est la crise de larmes sans raison ou pour un motif futile, c'est le grand désordre émotionnel déclenché avant d'entreprendre quoi que ce soit ou provoqué par l'idée de se retrouver seul, par exemple.

Normalement, les réactions affectives ou émotionnelles oscillent en fonction des circonstances intérieures ou extérieures, elles demeurent prévisibles et participent à la relation avec autrui ; le déprimé a perdu en grande partie la maîtrise de sa vie émotionnelle, qui devient instable, imprévisible, excessive ; cela le gêne dans sa vie relationnelle et cela est souvent mal supporté par l'entourage.

L'anesthésie affective amène, selon un apparent paradoxe, le déprimé à se plaindre de n'avoir plus de vie affective, notamment de se sentir indifférent, voire de ne plus aimer ceux qui lui étaient chers jusqu'alors. Cette anesthésie affective ressentie douloureusement par le sujet déprimé est source de culpabilité. Il n'y a pas véritablement de vide affectif chez le déprimé, mais la dépression l'empêche d'éprouver et de vivre les sentiments habituels, surtout s'ils sont de tonalité agréable.

La douleur morale est constante. La dépression est une souffrance. Elle va du simple mal être ou d'un vague malaise indicible à la torture morale où tout est triste, accablant, désespéré, figé dans le noir, où l'idée de mort tend à envahir la totalité de la vie psychique. Voilà bien un état difficile à décrire : on peut parler de changement d'atmosphère interne, de l'infiltration d'un pessimisme inhabituel. Lorsque le déprimé en parle, c'est généralement pour dire « Je ne sais pas ce qui m'arrive ». Le plus lucide, le plus habile à trouver ses mots, dira : « On a l'impression que tout est inanimé autour de soi. Y compris soi-même. » La souffrance morale peut être telle qu'il n'y a plus de réaction émotionnelle ; certains déprimés sont muets, immobiles, prostrés, comme frappés de stupeur.

La dépression et la mort. La perte d'espoir, l'impossibilité de se projeter dans le futur, au cours d'une dépression, laissent naturellement place à l'idée de mort.

La mort est toujours présente dans la pensée dépressive, allant de quelques évocations, qui traversent l'esprit de temps à autre, à la volonté de mourir, longuement ruminée et préméditée.

Ce peut être une sorte de soulagement face au constat d'échec de vie que crée la dépression ; c'est quelquefois le terme d'une souffrance intolérable liée à la pensée de ruine et d'incurabilité ; c'est aussi, dans l'esprit de certains déprimés convaincus de leur indignité et de leur culpabilité, une issue obligée et méritée. L'idée de mort, dans l'esprit du déprimé, peut se limiter à un concept vague, sans précision, demeurer une éventualité acceptée, une sorte de sommeil prolongé : « Si demain je pouvais ne pas me réveiller ». La pensée peut se concentrer sur les moyens précis de réaliser la mort. Enfin, l'idée de mort et le passage à l'acte suicidaire peuvent apparaître brutalement et en même temps : volonté brutale de mourir qui déborde le sujet incapable de prendre le recul nécessaire vis-à-vis de ses propres pensées, incapable de différer son projet soudainement apparu. Ces suicides étonnent l'entourage par leur caractère imprévu et brutal.

L'idée de mort peut être niée par le déprimé, soit parce qu'il conserve un peu d'espoir et qu'il accepte la vie si son état s'améliore ; soit parce qu'il s'annonce trop lâche, trop douillet pour attenter à ses jours. Dans cette deuxième situation, le danger est extrême, car le déprimé exprime ainsi jusqu'où va la perte d'estime de lui-même.

Le ralentissement (ou inhibition psychomotrice)

Il est l'expression de la dépression et affecte l'ensemble des activités du déprimé. Le ralentissement est moteur, s'exprimant dans une mimique pauvre et dans la rareté et la lenteur des gestes.

Le ralentissement est mental avec lenteur des idées, difficulté à associer les pensées, encore plus à mener un raisonnement. La voix elle-même peut être affectée par le ralentissement dépressif : ton monocorde, débit ralenti, moindre fluidité verbale...

Le déprimé perçoit cette inhibition à penser ou à agir, il la décrit souvent comme une chape de plomb qui pèse sur son esprit. Il exprime ainsi la fatigue que ne répare pas le repos, ou le manque de goût à entreprendre quoi que ce soit. Même le temps est ralenti pour le déprimé, quand il n'est pas totalement figé.

Le ralentissement, ou inhibition psychomotrice, est fondamental dans la dépression, au même titre que la tristesse pathologique ; mais il est aussi une expérience d'impuissance qui vient renforcer la tristesse et les sentiments de dévalorisation.

Il s'agit d'un symptôme commun à toutes les dépressions, mais, bien sûr, le ralentissement peut être plus ou moins marqué, dépendant très souvent de l'intensité de la dépression.

La dépression affecte les fonctions intellectuelles. La baisse de l'attention, les difficultés de concentration, la réduction de la capacité de fixation, l'altération de la mémoire sont des plaintes banales du sujet déprimé. Ces troubles conduisent volontiers à des erreurs dans les activités quotidiennes. À un degré de plus, il y a baisse évidente du rendement et de l'efficacité intellectuelle. Lorsque le sujet déprimé en parle, il le fait généralement d'une façon excessivement péjorative, du fait de son sentiment de dévalorisation, sentiment qui s'alimente, selon le cercle vicieux, de l'altération des fonctions intellectuelles. Ces difficultés renforcent le déprimé, se référant à ce qu'il était avant, dans son sentiment ou sa conviction d'avoir changé, d'avoir perdu ses capacités, et dans le manque d'estime envers lui-même.

La relation du déprimé avec les autres, avec le monde environnant se trouve transformée. Il se sent exclu, n'attend rien d'autrui, mais ne veut pas qu'on attende quelque chose de lui. Il a le sentiment d'être un poids, un parasite pour son entourage, ce qui renforce sa culpabilité. À la fois les autres le font souffrir parce que ça va trop vite, trop fort pour lui, déprimé ; et à la fois, il ressent douloureusement le fait d'être une gêne, une charge pour les autres.

Le jugement d'ensemble du déprimé est affecté par le pessimisme de l'humeur dépressive, de la dévalorisation générale, et le conduit à penser que le monde n'offre plus ni solidité immédiate ni avenir. Bien sûr, une telle altération de la pensée, qui conduit à une distorsion dans l'appréciation de soi-même et de la réalité ambiante, varie en fonction de la gravité de la dépression. Dans les formes majeures, le déprimé se vit comme une épave et l'exprime. Dans les formes mineures, il peut ne pas ressentir d'altération des fonctions cognitives ; elles existent cependant et apparaissent dans certaines erreurs inhabituelles ou dans quelques décisions malheureuses.

Sommeil, appétit, sexe

Paralèllement à ces symptômes subjectifs, la dépression a des manifestations objectives, notamment par les perturbations de la vie instinctive qu'elle entraîne.

Le sommeil est toujours altéré, habituellement dans le sens d'une réduction. Le symptôme le plus évocateur est le réveil précoce, aux petites heures du matin.

L'endormissement se fait souvent assez facilement ; tous les sujets déprimés sont épuisés et désireux de quitter cette journée de souffrance. Certains déprimés très anxieux ont cependant un endormissement perturbé par leurs ruminations anxieuses, leur peur du futur, leur peur même de ne pas s'endormir, ce qui a pour effet de reculer l'endormissement.

Dans l'ensemble, les déprimés ont un mauvais sommeil, il est perçu comme non réparateur. Même ceux qui dorment trop (car il y a des déprimés qui ont une hypersomnie) ne se sentent pas reposés au réveil.

La perte de l'appétit est un symptôme courant. L'amaigrissement peut être considérable et faire évoquer un cancer digestif, par exemple, d'autant que, généralement, il y a constipation, langue chargée, mauvaise haleine, difficultés de digestion...

La fatigue peut être telle que le sujet n'a plus l'énergie suffisante pour se préparer un repas ; ou encore, dans certaines dépressions graves, il y a un refus farouche de manger, dans un but d'anéantissement. Il s'agit d'une conduite suicidaire, éventualité très fréquente chez les personnes âgées déprimées.

Dans certains cas, c'est le contraire : le déprimé anxieux a un comportement boulimique (notamment vis-à-vis des aliments sucrés), et la prise de poids peut être très importante avant toute prise de médicaments (ceux-ci sont souvent incriminés dans la prise de poids, au cours du traitement de la dépression).

La sexualité est toujours perturbée et la baisse de la libido majore les sentiments d'auto-dépréciation : l'impuissance dévalorise l'homme, la frigidité culpabilise la femme. La réduction du désir sexuel, ou sa disparition, est sans doute un élément du désinvestissement général, mais on ne peut écarter l'hypothèse d'une pathologie glandulaire et métabolique, comme l'illustrent les troubles fréquents des règles ou les variations de poids sans changement marqué de l'alimentation.

Les désordres physiologiques, au cours d'une dépression, se traduisent par une frilosité importante avec refroidissement des extrémités. Les troubles de l'équilibre sont fréquents, surtout chez les personnes âgées ; ils sont quelquefois en rapport avec une baisse de la tension artérielle. Cette dernière peut, au contraire, lors des accès anxieux, connaître des à-coups hypertensifs avec accélération du cœur et palpitations.

5 la vie du déprimé

Le déprimé vit au ralenti

Regardons vivre Bernard, cadre hier dynamique, aujourd'hui réduit à une totale inefficacité. À cinq heures du matin, l'angoisse l'a réveillé. Il ne s'est plus rendormi. Il est maintenant sept heures. Il faut se lever. Pas facile. Depuis quelque temps, il néglige sa toilette. En plus, il lui faut maintenant une bonne heure, alors que, dans le temps, une demi-heure lui suffisait. Il reste de longues minutes immobile devant la glace qui lui renvoie un visage triste et fatigué. Sa langue est blanche, son haleine chargée. Il le constate avec tristesse, mais ne s'en inquiète pas vraiment. Les nouvelles diffusées à la radio ne l'intéressent pas. Pourtant, il est anormalement ému par certains faits divers. Choisir un vêtement est devenu une torture tant son indécision est grande.

Le petit-déjeuner, habituellement copieux et source de plaisir, se limite à un café, bu à la va-vite. Tout se passe dans un pesant mutisme.

Il a peur de conduire sa voiture et se résout à prendre le métro, bien qu'il s'y sente très mal. On le voit concentré sur une réflexion douloureuse. Son visage triste et son air lointain le montrent bien.

Arrivé au travail, la mise en route est difficile. Il ne parvient pas à s'intéresser à ce qui, peu de temps auparavant, le passionnait. Figé devant sa feuille de papier, ayant déplacé inutilement pour la énième fois ses dossiers, il ne parvient pas à rédiger le rapport qui lui a été demandé il y a plus de deux mois, et au sujet duquel son directeur s'impatiente. Il s'agit pourtant d'une tâche simple dont il s'acquitte ordinairement en quelques heures.

Chaque sonnerie de téléphone déclenche une poussée d'angoisse : il hésite à décrocher, convaincu qu'il ne peut s'agir que d'une mauvaise nouvelle. Il sent qu'il ne pourra pas répondre à des questions, même banales. De plus, il ne supporte plus les sonneries, ni aucun autre bruit d'ailleurs. Il s'enferme dans son bureau, évite de rencontrer des collègues, les fuit même. L'ambiance de la « boîte » lui est devenue pénible, quelquefois même hostile.

Son sentiment d'incapacité est entretenu par l'immense fatigue qui, de jour en jour, le submerge. Le manque d'appétit, l'effort insurmontable que constitue une quelconque conversation, l'impossibilité de s'intéresser aux sujets du jour, la peur d'éclater en sanglots à tout moment, la crainte d'être désagréable et la conviction de se sentir sans intérêt pour les autres lui font éviter le restaurant d'entreprise. Il voudrait mettre à profit le temps ainsi gagné pour rattraper son retard.
En fait, il demeure sans initiative, sans efficacité.
L'après-midi paraît interminable, les ratures s'accumulent, le texte n'avance pas. Lorsque ses collègues viennent le solliciter, il parvient, bien qu'en proie à de nombreuses idées noires, à répondre de façon cohérente. Il a conscience cependant que ses collègues se sont rendu compte qu'il ne « tournait pas rond ».
Sa lassitude, sa tristesse, ses difficultés à maintenir son attention sont, depuis quelque temps, devenues évidentes pour tous ceux qui l'entourent. À la maison, le bruit des enfants, les questions de sa femme n'entraînent que réactions d'irritation et d'accablement. La vie familiale ne l'intéresse plus. Il n'écoute plus la radio, ne regarde plus la télévision, même pas le rituel journal de vingt heures.
Toutes les tentatives de ceux qui l'entourent pour l'intéresser à quelque chose sont vaines. Le dîner se déroule dans un silence pesant. Avec des gestes rares et lents, il mange sans plaisir pour ne pas trop inquiéter sa femme qui le trouve amaigri et qui insiste pour qu'il aille consulter leur médecin.
Après un bonsoir distrait aux enfants, il va se coucher et apparaît alors un peu détendu. Sans doute espère-t-il se réfugier dans le sommeil ?

Le déprimé dort mal

Son mari est resté regarder le film à la télévision. Sylvie se retrouve dans sa chambre, apparemment apaisée, se disant : « C'est le meilleur moment de la journée ». Mais les rituels d'avant le coucher sont réduits à leur plus simple expression : elle n'a pas le courage de se démaquiller. Elle se met au lit rapidement, espérant que les somnifères feront vite leur effet. Et en attendant qu'elle s'endorme, elle rumine des pensées sombres : « Ah ! si je pouvais ne pas me réveiller demain ».
Pendant quelques heures, Sylvie dort. Mais son sommeil est agité, émaillé de réveils fréquents. Ses pensées morbides réapparaissent au travers de rêves désagréables, voire de cauchemars. Vers trois-quatre heures du matin, c'est le drame, quotidien. Elle se réveille épuisée, n'allume pas la lumière de peur de réveiller son mari.

De toute façon, la lumière l'agresse. Son angoisse est au maximum, pas nécessairement focalisée sur des idées précises. Elle ne peut définir le drame intérieur qui l'agite, mais elle en est effrayée. Elle en vient à penser : « Je deviens folle ».

Dans cette ambiance où elle ne peut avoir les idées claires, elle s'interroge : « Je ferais mieux de prendre un comprimé… oui, mais demain, je vais être complètement groggy, encore plus crevée… ». Elle ne parvient pas à se rendormir. Elle s'oblige à se lever. Mais comme son sommeil n'a pas été réparateur, elle est très fatiguée. Alors, à quoi bon ? D'autant qu'ici, dans son lit, elle peut espérer oublier un peu, même si elle ne dort pas… Au petit matin, elle rabâche toujours les mêmes pensées moroses. Elle se dit : « Avant, ce n'était pas comme ça. Et puis voilà des semaines que ça dure. Je ne peux pas m'y habituer, ça ne peut pas durer, ça doit être grave… ». Pendant tout ce temps, c'est la panique dans sa tête, la crampe à l'estomac, la boule dans la gorge. Comment rester au lit dans ces conditions ? Et pourtant elle ne se lève pas.

Vers 7 heures, la vie reprend avec les bruits de la rue, le mari qui se lève, les enfants qui prennent leur petit-déjeuner. Constater qu'elle est incapable d'aider les enfants à s'habiller, de préparer leur petit-déjeuner, de les accompagner à l'école la confirme dans son idée : « Je ne suis plus bonne à rien ».

En fait, Sylvie est obsédée par la journée à venir. Même les tâches les plus minimes apparaissent insurmontables. En se levant, elle constate avec tristesse, mais avec une certaine indifférence aussi, combien la maison est mal tenue, combien le désordre est grand dans cette chambre. Cette table de chevet encombrée de boîtes de somnifères, ce verre à eau qui laisse des traces… Elle ne se reconnaît plus dans ce laisser-aller : « On va encore me dire, secoue-toi ! Ils ont peut-être raison. Est-ce que je suis malade ? Pourtant, bon Dieu, ce n'est pas possible, ce n'est pas normal ! ».

Le déprimé souffre moralement

Claude regarde les échantillons de moquette que son épouse lui présente. L'appartement, qu'ils viennent d'acheter sur plan, leur sera livré dans deux mois. Il faut choisir. Cela ne l'intéresse pas.

En fait, il ne s'en désintéresse pas, il voudrait bien ne pas être indifférent, mais c'est comme si c'était loin de lui. Loin et en même temps vaguement imaginaire, de toute façon inutile. Pourtant, l'achat de cet appartement, il y tenait. Ils ont fait des sacrifices. Mais là, il n'arrive plus à s'en préoccuper. D'une certaine façon, ce n'est plus son projet.

D'ailleurs, depuis quelques semaines, il n'a aucun projet, il a un peu l'impression d'être dans un autre monde, de ne plus ressentir les sensations dont les autres continuent, autour de lui, de parler.
Les premières tiédeurs du printemps, les bourgeons dans le jardin, il les note, mais sans émotion.
Il sait que ce sentiment angoissant d'être « étranger » le coupe des autres, de sa famille. Il essaie de se forcer. Il peut même, avec beaucoup d'efforts, faire semblant de parler, de rire, de s'intéresser. Mais c'est au prix d'une sorte de dédoublement : sa personne réelle, profonde ne participe plus.
Sa femme qui, il y a cinq ou six ans, a fait une dépression lui dit de se soigner, elle le soutient. Il sait qu'elle l'aide, il le constate avec son intelligence, mais il n'arrive pas à le ressentir affectivement.
Quant à consulter, c'est une idée abstraite dont il ne voit pas l'intérêt.
« Ma vie est un échec, c'est tout. »
« Je n'ai pas su élever mes enfants, en ce moment je n'arrive même plus à les aimer vraiment… »
« Je suis un voleur, il y a cinq ans j'ai emporté, sans autorisation particulière, un pied à coulisse et un autre outil que mon chef d'atelier avait mis à la réforme… »
« Je n'aurai pas, dans mon travail, l'augmentation prévue, mais c'est normal puisque je suis mauvais. »
L'avenir n'existe plus vraiment, à quoi bon voir un médecin, que ferait-il dans une telle situation ?
Dimanche dernier, son copain d'enfance est venu le voir. Il l'a trouvé, comme aujourd'hui, replié sur lui-même, hésitant dans le contact, lointain dans ses réponses.
Il a eu le sentiment, non seulement de ne pas l'intéresser, mais plutôt de le déranger, Claude souffre et ne sait pas ce qui lui arrive. Il se sent inanimé, une sorte de mort-vivant allant inéluctablement vers un drame qui le délivrerait.
Espérons que sa femme saura le décider à consulter vite…

Dans un tel état d'esprit, le futur ne veut plus dire grand-chose. Si on aborde l'hypothèse de lendemains plus souriants, le déprimé acquiescera peut-être, mais sans y croire vraiment. Le pessimisme rejaillit sur tous les épisodes de sa vie quotidienne.

Cette souffrance qui l'envahit, qui le coupe de plus en plus du monde et surtout de ceux qu'il aime, s'accompagne de culpabilité. Au bout d'un certain temps, le déprimé a l'impression de ne plus aimer personne et se le reproche jusqu'à culpabiliser fortement.

Tel ce grand-père qui nous disait : « Rendez-vous compte, je n'aime plus mes petits-enfants, c'est monstrueux ». Dans cette affirmation, on retrouve la douleur, mais aussi le sentiment d'auto-dévaluation qui participe de la pensée dépressive.

Insensiblement, cette situation, avec le filtre de pessimisme qu'elle comporte, fait entrevoir le futur comme nécessairement mauvais et conduit à juger le passé avec regret, remord, voire culpabilité. Ce sont évidemment des constatations erronées, voire délirantes. Ces jugements faux que le déprimé porte sur sa valeur, ses qualités actuelles, il les étend aussi bien à son passé qu'à un futur qu'il n'imagine pas vraiment.

Dans d'autres formes graves, le déprimé finit par s'accuser de choses fausses ou d'amplifier démesurément des vétilles.

C'est le cas de cette dame qui ne supporte plus l'idée d'avoir été critiquée, plusieurs années auparavant, vis-à-vis de celle qui allait devenir sa belle-fille. Pendant plusieurs années, l'entente a été parfaite. Mais depuis qu'elle est déprimée, elle ne cesse de se reprocher des phrases anodines qu'elle a prononcées, des reproches mineurs qu'elle lui a faits : elle est pratiquement convaincue d'avoir semé une graine de discorde entre son fils et sa belle-fille. Ces derniers disent, au contraire, qu'ils s'entendent bien ; la belle-fille n'a aucune rancœur vis-à-vis de sa belle-mère. Mais leurs affirmations répétées n'entament pas la conviction dépressive de la patiente.
Autre exemple, cet avocat qui depuis plusieurs mois a de plus en plus de peine à plaider, qui est conduit à y renoncer, demande à être radié du barreau, convaincu d'être à l'origine de nombreuses erreurs judiciaires : « Le dernier des stagiaires, le dernier des avocats aurait obtenu la relaxe de M X. », dit-il, accablé.

L'entourage ne peut rester insensible et se sent mis en cause par ce sujet qui rumine des pensées tristes, qui ne trouve d'intérêt à rien. Cependant, la vie continue de façon presque automatique.

Son mode de vie est à l'origine de nombreuses incompréhensions. Cette personne qui se rend régulièrement à son travail, qui paraît en bonne santé physique, dans la vie de laquelle il n'y a pas de drame apparent, comment accepter qu'elle puisse souffrir ? Et qu'elle est donc cette douleur morale ? L'entourage du déprimé, très souvent, ne comprend pas : qu'a-t-on pu faire pour le rendre aussi morose ? Qu'est-ce qui a donc bien pu lui déplaire à ce point ? Source d'incompréhension, de quiproquos, voire de conflits, le plus souvent on nie la douleur morale.

Le déprimé souffre physiquement

Yvette s'est d'abord étonnée de son manque de tonus.
Depuis quelque temps, elle s'interrogeait sur cette fatigue particulière qui s'installait dès le réveil. Le fait de mal dormir était une amorce d'explication. Elle a pris des somnifères pendant quelque temps et a constaté que rien ne s'arrangeait.
Elle s'est même demandé si la fatigue n'augmentait pas.
Elle en est arrivée à renoncer à ses activités sportives (gymnastique, aérobic, danse...). Elle avait constaté que, après sa séance d'aérobic du lundi soir, elle se sentait « crevée » pendant trois jours. Or, ce temps de récupération était tout à fait anormal pour elle. Parallèlement, elle s'inquiétait d'une baisse de son appétit, d'une tendance à la constipation, d'une impression récente de mauvaise haleine.
Depuis plusieurs semaines, elle avait des maux de tête curieux, qui s'installaient dès le matin.
Ses douleurs dorsales étaient de plus en plus fréquentes, surtout après les séances de sport.
Elle sentait bien que son corps n'avait plus d'envie sexuelle et elle s'interrogeait. Mais, après tout, cette baisse de la libido n'était que le cadet de ses soucis. S'il n'y avait que cela ! C'est son état général qui l'inquiétait !
Cette inquiétude sourde s'est d'ailleurs transformée en réelle anxiété, car elle s'est découvert un peu plus tard des épisodes de palpitations cardiaques (de telles alertes sont souvent favorisées par l'abus d'excitants tels que le café ou la vitamine C qu'Yvette fatiguée a pris pour se « stimuler »).
Alors Yvette a décidé de consulter. Et, comme le plus souvent dans ces cas là, son bilan de santé, comportant numération-formule sanguine, dosage du cholestérol, de la glycémie, électrocardiogramme etc., s'est révélé normal. Yvette s'est rassurée.

Parfois, dans ce genre de bilan, un résultat biologique anormal ou plus souvent « limite » peut conduire à des mesures telles qu'un régime alimentaire. Dans ce cas, le remède est pire que le mal, puisqu'il exagère la faiblesse. Souvent aussi, dans les bilans, on retrouve une tendance à l'hypotension artérielle. Et le malade de se dire : « Eh bien voilà, je sais enfin pourquoi j'étais dans cet état-là ». En fait, il ne s'agit que d'un symptôme parmi d'autres...

Mais revenons à Yvette. Bien que négatif, son bilan a été utile, ne serait-ce que pour éliminer certaines maladies corporelles dont les premiers symptômes sont précisément l'asthénie, c'est-à-dire cet état de faiblesse dans lequel elle se trouvait. Mais son état ne s'est pas amélioré pour autant. Ses troubles du sommeil se sont aggravés et, surtout, son sommeil est devenu de moins en moins réparateur. Elle qui avait l'habitude, en rentrant chez elle, d'allumer sa radio ne supportait plus le bruit.
Au travail, elle ressentait des difficultés de concentration : à peine avait-elle lu une page qu'elle ne savait plus ce dont il s'agissait. Ses « trous de mémoire » la gênaient de façon considérable ; elle n'avait plus les facilités de synthèse qu'elle connaissait auparavant. Son mauvais rendement, son manque d'initiative ont eu des conséquences perceptibles, aussi bien dans son milieu de travail que dans sa vie familiale.
Voici Yvette devant nous. Elle nous dit : « Tout me coûte, le moindre détail devient pour moi une montagne. Même les choses les plus banales me paraissent insurmontables. Par exemple, je ne suis plus capable d'établir un menu pour la famille. Au marché, c'est incroyable, mais il me faut un temps fou pour choisir un kilo de tomates et une salade verte... Mon mari m'a demandé si, dans le fond, je n'étais pas déprimée. Je ne vois pas pourquoi je le serais. Et pourtant les ampoules que j'ai prises très régulièrement depuis deux mois n'ont rien fait. Je me demande si mon mari n'a pas raison ? »
Yvette se trouve de plus en plus « ralentie » et elle constate que son entourage, aussi bien professionnel que familial, l'a également remarqué, s'en inquiète et s'en irrite quelque peu. Il est donc normal que son anxiété se soit accrue, que le sentiment d'échec qui infiltrait imperceptiblement sa pensée depuis plusieurs semaines soit devenu permanent et évident. Beaucoup de sensations sont nouvelles et inquiétantes pour elle. Ainsi cette frilosité qui l'oblige à se couvrir et qu'elle nous fait constater en nous demandant de toucher sa main effectivement froide.

Le déprimé ne sait plus vivre avec les autres

Vivre en société nécessite une certaine confiance en soi et en les autres, une juste appréciation de la sympathie ou de l'antipathie que l'on ressent vis-à-vis d'autrui. Il faut savoir analyser ses propres sentiments et les exprimer correctement en fonction des circonstances.

Or le déprimé perd, peu ou prou, cette aptitude. Insensiblement, il constate en lui des réactions émotionnelles qu'il juge excessives : « Un rien me fait pleurer », « Une remarque, même gentille, me trouble anormalement », « Je prends tout, comme une éponge, ce n'est pas normal ». Ces remarques illustrent deux aspects principaux des difficultés des déprimés : manque de contrôle émotionnel et sentiment, plus ou moins conscient, d'infériorité. Ce dernier est renforcé par la fatigue qui affecte le déprimé.

Cet état émotionnel peut, pour certains déprimés, s'améliorer par instants et laisser place à une joie apparente et brève. Ces transformations passagères de l'état émotionnel comme du comportement sont souvent source d'incompréhension, voire de conflits : « Ah ! Docteur, si vous l'aviez vu hier soir, vous ne l'auriez pas trouvé déprimé ! ».

Le déprimé ressent douloureusement le fait qu'il devienne de plus en plus susceptible, d'une susceptibilité qui lui est inhabituelle, il découvre « qu'on ne peut plus rien lui dire ».

Le déprimé est souvent irritable, ce qu'il perçoit et ce qui est mal supporté par son entourage : « Il s'énerve pour un rien et ce n'est pas dans ses habitudes », « Lui, père si doux, voire trop permissif, a failli frapper son fils… ».

Si la dépression se prolonge, tout devient motif à explosion de colère et d'angoisse. Ainsi, à la surprise de tous, tel homme, connu pour sa placidité, se met dans des états d'agitation bizarre quand il se trouve dans un embouteillage banal, ne supporte plus la télévision ou pique des colères inhabituelles quand les voisins font trop de bruit.

Souvent, pendant plusieurs mois, la susceptibilité, l'irritabilité, une certaine forme d'agressivité sont les seules manifestations visibles de la dépression ; ce qui est évidemment un comportement très éloigné de l'image que l'on se fait habituellement du déprimé. Et pourtant, dans certaines catégories d'âge, les troubles du caractères constituent l'essentiel des symptômes de la dépression. C'est notamment le cas de l'adolescent qui vit son malaise dans des passages à l'acte impulsifs.

Pour le déprimé, le contact avec les autres est très difficile. C'est pourquoi il tend progressivement à se replier sur lui-même. Perdu dans ses pensées moroses, il évite ses amis, se sent loin d'eux, les comprend mal, les trouve volontiers futiles. Certaines circonstances lui sont particulièrement douloureuses. C'est, par exemple, un dîner où plusieurs conversations se déroulent en même temps : sa fatigue, son manque d'intérêt lui interdisent d'y participer ; il ressent alors de façon aiguë la nature anormale de son état.

L'entourage désespère : « Il n'arrive pas à sortir de son cafard, même avec notre aide », « Rien ne le déride ; lui qui adore habituellement les histoires drôles, il ne réagit plus ! », « On a l'impression qu'on l'agace ». Il a bien conscience de ne plus éprouver d'intérêt pour les autres ; il finit par comprendre qu'on puisse mal le supporter, et même lui être hostile.

Ainsi, on constate que, chez le déprimé, le système d'échanges à autrui se dérègle et que, progressivement, il entraîne un isolement douloureux.

Le déprimé n'a plus « envie »

Son mari dort. Il a fini par s'endormir. Il lui tourne le dos. Lucie devine son visage, enfoui dans l'oreiller qu'il serre à deux mains. Ce corps, recroquevillé de l'autre côté du lit, si près du bord qu'il pourrait glisser, lui fait mal. Ce corps, c'est celui qu'elle a tant aimé. Des larmes ruissellent le long de ses joues. Ce soir, elle a dit « Non ». C'est la première fois qu'elle se refuse. Qu'elle ose…

Il était tout près, il caressait ses cheveux, mais quand il s'est approché pour déposer un baiser sur son front, elle a eu une réaction qu'elle n'aurait jamais imaginée quelques mois plus tôt : avec ses deux mains, elle l'a repoussé violemment.

« Non », a-t-elle presque crié en tournant la tête…

Et puis elle a ajouté : « Je ne suis pas bien en ce moment, tu le vois bien, faut pas m'en vouloir… Je t'en prie, laisse-moi… ». Il n'a rien répondu. Elle a fermé les yeux, mais elle sait qu'il est resté un long moment penché sur elle, à la regarder. Et puis il a fini par s'allonger, il s'est endormi. Mais il a mis du temps. Elle devinait qu'il souffrait. Il ne comprend pas. Cela fait deux mois. Oui, cela doit faire deux mois maintenant qu'elle n'a plus envie.

D'abord, elle a cru que c'était à cause de la fatigue. Cela s'était déjà produit depuis cinq ans qu'ils vivent ensemble : par périodes, elle avait moins envie. Mais c'était passager. Tandis que là, rien ne s'est arrangé, au contraire. De moins « désirer », elle en est arrivée à ne plus « désirer » du tout. Pire, elle découvre le dégoût.

Et si, au début, elle pouvait encore se forcer un peu pour lui faire plaisir, pour ne pas l'inquiéter aussi, désormais elle ne supporte plus qu'il la touche ou même qu'il l'effleure. Elle ne comprend pas ce qui arrive. Elle se demande parfois si, au fond, elle n'aurait pas cessé de l'aimer. Mais elle a l'impression que ce n'est pas une question de sentiments. C'est autre chose. C'est comme si son corps était devenu insensible, comme s'il était devenu malade.

Demain, ils discuteront. Il lui dira que ce n'est pas normal qu'elle n'ait plus envie de rien, qu'elle soit toujours triste.

6 les dépressions cycliques

JEAN, ALBERT, ANDRÉ ET LES AUTRES…

Tous les personnages que nous venons de rencontrer étaient, chacun à sa manière, déprimés. Leur humeur était effondrée, leurs pensées, leur langage, leurs activités ralentis. Ils étaient sans énergie. Ils avaient perdu leur sociabilité et leur entourage comprenait mal ce qui leur arrivait.

Pour Jean, l'incompréhension a été plus grave encore, son histoire inacceptable, scandaleuse. Le village, même s'il n'en parle plus, s'en souvient encore. C'est vrai, « il avait fait fort ».

Jean qui pleure, Jean qui rit

Rendez-vous compte, pour l'enterrement de sa mère, il a fait venir un jazz-band, il a invité des « filles » du quartier et la journée s'est terminée dans une totale orgie.
On sait bien que, dans certains pays lointains, les funérailles peuvent être une fête. Mais lui, ce n'est pas son genre.
La voisine qui est allée se recueillir sur la dépouille raconte qu'il était effondré, en larmes, comme un enfant. Et voilà que, trois jours plus tard, on retrouve un grand escogriffe de quarante-quatre ans, débraillé et menant le bal pour enterrer sa mère. Quel scandale !
La surprise est totale. On les voyait toujours tous les deux, prenant soin l'un de l'autre : lui, très rangé, très réservé, très attentif à sa mère ; elle, exerçant une tendre surveillance, peut-être une certaine autorité. Jean était clerc de notaire dans l'étude de l'autre côté de la place. On le savait original, un peu « braque ». À certaines périodes, il était jovial et bavard, à d'autres, renfrogné et bougon. Il y a plus d'une dizaine d'années, paraît-il, il aurait passé deux ou trois mois à l'hôpital psychiatrique. On ne sait

pas très bien pourquoi. À l'époque, il était fiancé. Et puis, il a rompu. Depuis, on ne lui a connu aucun lien sentimental.

Le scandale a duré plusieurs jours. Il tenait table ouverte, c'était allumé toute la nuit, les voisins se plaignaient du bruit, il les insultait. Il n'allait plus à son travail. Quand le notaire, son employeur, a vu qu'il s'était acheté une voiture de sport rouge et surtout qu'il agressait les gens sur la place, il a alerté de lointains cousins... Il paraît que Jean n'a pas fait de difficulté pour suivre les infirmiers qui sont venus le chercher.

Eh oui ! braves commères, le scandale est grand : après avoir beaucoup pleuré, le clerc de notaire a beaucoup ri à la perte de sa mère. La réaction est aussi forte et de même nature. On appelle cela une manie de deuil. C'est l'équivalent d'une dépression.

Équivalent est un mot impropre. Que viennent faire dans une histoire de déprimé les jours et les nuits de fête de Jean, les femmes qu'il a reçues, son cabriolet rouge ? Déjà des histoires à dormir debout, des histoires de fou. D'ailleurs ce Jean, à l'évidence, est un fou... Eh bien, non. Pas du tout. Son histoire raconte une vérité peu connue, parfaitement établie pourtant : la dépression a un « inverse ». Quand l'humeur se dérègle, elle ne sombre pas toujours vers les zones dépressionnaires, vers le ralentissement psychomoteur ; elle peut, dans certains cas, se traduire par une surexcitation susceptible de durer plusieurs semaines, d'être parfois dangereuse.

Nous connaissons mal le détail des mécanismes qui régulent le moral « au beau fixe », le plaisir de vivre. Mais nous savons que chez certains sujets, chez Jean par exemple, le réglage est fragile, susceptible de « ratés » périodiques, parfois éloignés dans le temps, parfois rapprochés.

Pour désigner ces troubles particuliers de l'humeur, on parle de troubles « bipolaires » afin de souligner les deux aspects opposés de la maladie. On utilise aussi parfois le terme de P.M.D., ou **psychose maniaco-dépressive**, les périodes dites maniaques, « d'hyperactivité, d'euphorie », alternant avec les périodes dépressives.

Il y a dix ans, Jean avait sans doute été hospitalisé pour un épisode maniaque survenu sans raison particulière. Cette fois, la mort de sa mère a favorisé sa rechute. Pendant ces dix ans, dans l'intervalle de ses crises, son entourage a observé des variations discrètes de son comportement : tantôt il devenait triste, tantôt il paraissait très gai. Mais ce n'était pas inquiétant.

Jean qui pleure, Jean qui rit a été hospitalisé. Cela valait mieux pour lui. Il n'était plus responsable de sa conduite. Bien que gentil de caractère, il aurait très bien pu, une nuit, sous les effets conjugués de son excitation et de l'alcool qu'il absorbait immodérément, commettre n'importe quelle bêtise grave ou dangereuse.

Le traitement qu'il a reçu était destiné à normaliser son humeur.

Le risque était grand, en effet, qu'après cette phase euphorique, il ne se déprime de nouveau. Charge à ses médecins de gérer au mieux son traitement, charge à lui de comprendre la nécessité d'un traitement préventif au long cours, charge à son entourage d'être à l'avenir plus tolérant, plus compréhensif, de ne pas lui faire porter pour le reste de ses jours un opprobre qu'il ne mérite pas.

Jean aimait sa mère. Jean n'est pas un provocateur. Jean est atteint d'un trouble bipolaire de l'humeur qu'il suffit de diagnostiquer, de comprendre et de soigner au mieux.

Pour les médecins, le diagnostic a été facile : Jean présentait à peu près tous les signes d'un état dit « maniaque ». La surprise relative est davantage liée au mode de déclenchement un peu inhabituel de cette phase plus qu'euphorique. Jean a fait une manie de deuil.

Mais le plus souvent, ces périodes maniaques surviennent sans cause précise, à certaines périodes de l'année, de façon répétitive si un traitement préventif adapté n'est pas mis en place.

Le « coup de lune » d'Albert

Albert, par exemple, refuse de se soigner. Alors, périodiquement, il attrape... « le coup de lune... ».

Albert est un mari modèle. Discret, effacé, timide, il est un modeste employé des P.T.T., bien connu dans le quartier. Et tous les ans ou presque, à la même époque, Albert a son « coup de lune ».

Il crie dans la cage de l'escalier, explique à qui veut l'entendre que tous les autres sont des « cons » qui ne « comprennent rien ». Lui seul est d'essence supérieure. Et il aborde les femmes pour leur faire des propositions, sûr de son succès.

C'est aussi sa « période bistrots » : il offre des tournées, palabre, et soudain vocifère, car il supporte mal la contradiction. L'alcool aidant –

alors qu'en temps normal, il est d'une sobriété exemplaire – il s'emporte contre sa femme qu'il juge trop timorée et inquiète. Il devient tellement agressif qu'elle se réfugie chez les voisins.
Au travail, il se montre narquois, caustique, et « fait rire la galerie », ses flèches étant destinées aux chefs.
Sa voix est devenue rauque. Il ne dort presque plus, mais se sent « en pleine forme » et a un appétit d'ogre. Pourtant, il maigrit.
Son « coup de lune » dure entre trois et six semaines. Ensuite l'exaltation s'estompe et l'on retrouve alors l'employé discret, sobre, un peu honteux de ses derniers exploits, quelque peu nostalgique de la période d'euphorie.

L'existence de ces phases maniaques est mal connue. La famille (mari, épouse ou enfants), l'entourage socio-professionnel acceptent mal les débordements de tous ordres qui accompagnent l'accélération interne du sujet, qui fait trop de choses et trop vite.

Il parle vite, il bouge vite, il pense vite, mais de façon désordonnée, en passant du coq à l'âne, sans pouvoir organiser ce qu'il dit. On a l'impression que sa pensée lui échappe, court plus vite que lui. Par ailleurs, l'augmentation de son énergie, l'euphorie qui l'habite, l'absence à peu près complète d'inhibitions l'amènent à nouer des relations avec n'importe qui croisant son chemin.

Multipliant les rencontres, surestimant ses possibilités, il dépense et se dépense sans compter. Les dépenses financières excessives seront plus tard amèrement regrettées ; d'autres formes d'excès laissent, si « tout s'est bien passé », des souvenirs plus ambigus.

Souvent, ces phases d'excitation sont suivies d'un brutal retour de balancier. C'est ce qui, régulièrement, rythme la vie d'André.

André est maniaco-dépressif

Il le sait. Il en retrouve la trace jusque dans sa vie amoureuse. Jugez-en plutôt. Brutalement tout est facile, joyeux, enthousiasmant. Les couleurs sont plus chatoyantes, les sons plus harmonieux, les femmes plus attirantes. Et lui a alors beaucoup de chance et de séduction.
Bref, il drague et ça marche. Il n'arrive même plus à compter ses conquêtes pendant ces périodes. Il lui est arrivé souvent de quitter sa famille, son entreprise, sa province, et de s'installer dans un hôtel parisien. Et c'est alors la grande vie : les femmes légères, professionnelles ou non, défilent. Le champagne coule. Il prétend faire l'amour dix à quinze fois

par jour. Tout est au zénith : outre ses prouesses sexuelles, il boit, parle, rit, il fait rire et ne dort pas.
À chaque fois, la folle équipée est suivie d'une phase dépressive. Tout se ralentit, devient pénible. Plus de désir sexuel. Il ne remarque même plus les femmes. Quelquefois, surtout pour le rassurer, sa femme entreprend quelques approches amoureuses. C'est l'échec. Il est impuissant.
André et sa femme ont l'expérience de ces oscillations de l'humeur.
Ils savent maintenant tous les deux que l'absence de désir sexuel chez André est un des signes d'une nouvelle dépression.

Une nouvelle dépression parce que, en effet, ces formes particulières des troubles de l'humeur évoluent par cycles plus ou moins réguliers, indépendants des facteurs psychologiques que l'on trouve à l'origine d'autres dépressions, dites psychogènes ou réactionnelles.

On parle alors de dépression endogène au cours d'une psychose maniaco-dépressive, c'est-à-dire venant essentiellement du sujet lui-même et non des réactions qu'il aurait à l'égard de tel ou tel événement extérieur : événement psychologique (deuil, conflit affectif, perte d'emploi) ou biologique (anesthésie, maladie grave...).

LE DÉPRIMÉ ET LA PSYCHOSE MANIACO-DÉPRESSIVE

La majorité des sujets souffrant de psychose maniaco-dépressive ne connaissent que des phases dépressives. On les dit **unipolaires**, ils ressentent seulement le pôle dépressif de leur maladie. S'ils ne sont pas traités correctement, chacun de leurs épisodes dure de trois à six mois.

Certains alternent entre les phases dépressives et maniaques. Ce sont les « **bipolaires** » et, pour eux, le diagnostic de psychose maniaco-dépressive est plus facile à établir car le passage d'un pôle à l'autre est très évocateur.

Déterminer la nature endogène ou non de la maladie chez un déprimé n'est pas un problème abstrait, théorique ; ce n'est pas non plus une coquetterie de spécialiste, soucieux, pour le plaisir, de classer ses malades. D'autant que chez ces sujets, les antidépresseurs peuvent provoquer le virage de l'humeur avec euphorie et excitation. Les retombés thérapeutiques sont réelles, car l'évolution prévisible en dépend.

Conclure que M ou Mme X fait une dépression, au cours d'une psychose maniaco-dépressive, c'est poser pour hypothèse qu'il a de fortes chances d'en faire d'autres plus tard, et qu'il faut donc le protéger par un traitement préventif.

Les dépressions, au cours d'une psychose maniaco-dépressive, ont quelques particularités. Elles surviennent généralement de façon inopinée, sans cause apparente. Elles peuvent être précédées ou suivies d'une phase d'excitation. C'est souvent au printemps ou à l'automne que l'humeur se dérègle. Les thèmes dépressifs sont très importants, réalisant les formes majeures de dépression (« mélancolie »). La perte de poids est en général très nette, supérieure ou égale à 5 % du poids du corps (au cours du dernier mois).

Les symptômes sont aggravés le matin, le réveil est toujours très précoce, avancé d'au moins deux à trois heures par rapport à l'heure habituelle. Le ralentissement psychique et moteur, dont nous avons parlé, est très marqué, intense, modifiant profondément le mode de vie du sujet qui parfois, de plus, nie sa maladie.

Dans les cas les plus graves, les idées de culpabilité sont très importantes et prennent la forme d'un véritable délire. Le sujet se croit responsable de tous les malheurs du monde, pense être la cause de catastrophes à venir. La disproportion entre ses idées, ses auto-accusations et la réalité est telle qu'il est tout à fait impossible, même au profane, de se laisser abuser.

Le terme de psychose maniaco-dépressive est né du fait que les idées de ruine, de déshonneur, de culpabilité n'ont aucune réalité ; de même les idées de grandeur, de toute-puissance du sujet, en phase maniaque, peuvent atteindre une intensité délirante. Cela s'exprimait de façon très évidente avant qu'on ait des moyens thérapeutiques efficaces. De nos jours, les phases dépressives, et surtout celles d'exaltation, sont très raccourcies et beaucoup moins intenses et spectaculaires.

Entre les phases de dépression et les phases d'excitation maniaque, le sujet porteur d'une psychose maniaco-dépressive est dans un état tout à fait normal. On ne retrouve en effet aucun symptôme psychiatrique et, notamment, aucune caractéristique évoquant une personnalité particulière.

La fréquence des récidives dépressives ou maniaques est très variable ; pour certains, ce seront plusieurs épisodes chaque année ; pour d'autres, deux ou trois épisodes au cours de leur vie. C'est la même maladie, mais qui n'a pas la même gravité.

Les dépressions cycliques se déclarent généralement vers trente-cinq ans, mais on retrouve des signes de perturbation de l'humeur jusque dans l'enfance ; ils étaient passés inaperçus même si, a posteriori, on constate qu'ils ont eu des conséquences dans la vie du sujet.

L'hypomane	**Le déprimé**
Est très sûr de lui, très convaincant	Se dévalorise en permanence
Est capable de déployer une énergie considérable	Est sans force, sans ressource
Pense plus vite que d'habitude	Réfléchit au ralenti
Est extrêmement créatif	Ne parvient plus à créer sa propre pensée
A besoin de peu de sommeil et dort très peu	Dort peu ou beaucoup, mais de toute façon d'un sommeil qui ne repose pas
Présente une productivité importante, mais souvent désordonnée	A perdu et sa motivation et son efficacité
Parle beaucoup, fort et vite	S'exprime peu, à voix basse et lente
A un avenir tout en rose	A un avenir tout en noir ou plus d'avenir du tout
Est particulièrement à l'aise en société	Fuit le monde et s'y sent mal
Déploie, en pensée et en action, une importante vitalité sexuelle	A perdu tout intérêt pour la vie sexuelle
Part à la conquête du monde	Voudrait s'en retirer

Les troubles de l'humeur ont un caractère familial et l'on retrouve souvent la notion de dépression, de suicide ou d'hospitalisation pour exaltation maniaque chez les ascendants. L'existence d'antécédents familiaux est un argument important dans la décision d'un traitement prophylactique qui évitera ou réduira l'intensité des oscillations de l'humeur.

Les grands états d'excitation dits « maniaques » (comme Jean ou Albert) sont de plus en plus rares. En effet, l'intervention médicale est beaucoup plus précoce et le traitement empêche l'euphorie et l'excitation d'atteindre une trop grande intensité.

Le plus souvent, l'état d'exaltation de l'humeur est l'image en miroir de l'état dépressif, comme le montre le tableau page précédente.

DÉPRESSIONS BRÈVES RÉCURRENTES

Avec une assez grande fréquence, on observe des accès dépressifs intenses, brefs et répétés. Jusqu'à ces derniers temps, ces patients étaient considérés comme atteints de troubles névrotiques avec des difficultés relationnelles sous tendues par une composante conflictuelle de la personnalité. Les dépressions brèves récurrentes sont à l'origine de beaucoup de tentatives de suicide, elles peuvent gravement perturber la vie du sujet et constituer un handicap.

DÉPRESSIONS SAISONNIÈRES

Leur caractéristique est de survenir à un moment précis de l'année. C'est au cours de l'automne ou de l'hiver que s'installe la dépression saisonnière, en revanche le printemps amène la rémission complète, voire une période assez brève d'euphorie.

Les troubles dépressifs sont connus pour être influencés par les saisons, mais c'est le caractère marqué et systématique de cette influence qui définit la dépression saisonnière.

Les signes principaux sont : une fatigue intense, une bouderie avec tendance au retrait, une appétence particulière pour les aliments sucrés avec grignotage et prise de poids, une hypersomnie.

L'hypothèse d'un lien avec le raccourcissement de la durée d'ensoleillement a été évoquée.

La luxthérapie, ou traitement par exposition à la lumière, y trouve une de ses meilleurs applications.

7 le suicide

Le danger de suicide

Ce n'est pas en philosophes que nous, médecins, abordons le thème du suicide. Avec le déprimé suicidaire, nous ne nous avançons pas dans de grands débats philosophiques sur le libre arbitre quant à la vie et à la mort. Et pour nous conforter dans cette optique, nous rencontrons tous les jours des gens qui s'annoncent heureux d'avoir raté leur suicide, ou qui sont, a posteriori, effrayés des idées de mort qui les habitaient quand ils étaient déprimés : « Vous vous rendez compte des idées effroyables que j'avais... ». Ce nouveau discours, tenu par le déprimé guéri, témoigne bien que le suicide n'aurait pas été l'exercice de sa « liberté », mais le résultat d'un trouble temporaire de sa façon d'appréhender la vie.

Au cours de toute consultation avec un déprimé, la question se pose. Le patient qui est devant nous a-t-il des idées de suicide ? Peut-il passer à l'acte ? Voilà bien des interrogations angoissantes ! Et lorsqu'elles se posent, il faut généralement y répondre très vite (ce qui nuit à l'analyse sereine de la crise). De plus, les informations sont difficiles à obtenir. Enfin, la situation, d'emblée grave, peut évoluer d'heure en heure.

Inquiets, nous savons qu'au cours de cette consultation, il va falloir évaluer l'acuité et la permanence des idées de suicide, tout en créant les conditions d'une bonne relation avec le déprimé suicidaire. Il faut que ce dernier sente qu'il a un interlocuteur privilégié qui peut lui venir en aide et auquel il aura envie de se confier.

Souvent, la première entrevue avec le malade est longue et difficile. À peine a-t-on le sentiment que le déprimé est près à renoncer à ses projets de mort, qu'au détour d'une phrase le démenti surgit et anéantit cette bouffée d'espoir. Vouloir avoir raison n'a aucun sens dans un tel contexte. On ne raisonne pas logiquement avec quelqu'un qui a perdu le recours à la logique. Ce n'est qu'en déviant le suicidaire de son discours, en le « décentrant » en quelque sorte, qu'on le rattache à la vie.

Démontrer à un déprimé suicidaire que la vie vaut d'être vécue, c'est essayer d'expliquer à un aveugle que le ciel est bleu

La seule solution est de lui faire sentir que c'est uniquement parce qu'il est malade qu'il a envie de mourir. Tâche délicate… Dans cette situation, bien que spécialistes, nous nous sentons très humbles. Nous nous efforçons de transmettre au patient que, médecins, nous ne sommes ni tout-puissants, ni omniscients, mais que nous avons l'habitude d'entendre des propos sur la mort et sur le désir de mort. Et que nous disposons d'un arsenal de moyens (médicamenteux et psychothérapiques) qui peuvent aider immédiatement nos patients. Nous ne sommes ni des confesseurs, ni des mages ; nous nous cantonnons dans notre rôle de médecins et tentons de faire comprendre à notre interlocuteur que son désir de suicide est dicté par un malaise profond, sinon par une maladie, et qu'il ne pourra changer d'avis que si on le soigne. Ce message peut passer, en écoutant d'abord le déprimé parler de son désir de mort, puis en soulignant combien ce désir est nouveau chez lui. Il est primordial de gagner du temps : cela permet au sujet de prendre un peu de recul.

De façon compréhensible, bien que médecins, bien que spécialistes, nous sommes inquiets et modestes devant un tel enjeu. Ce qui nous conforte, ce qui finit par nous donner de la crédibilité, c'est notre absence d'ambiguïté par rapport au suicide.

Nous savons que le désir de mort de notre patient est passager (même s'il le rumine depuis quelques mois), qu'il est l'expression d'un malaise profond sur lequel nous pouvons agir. Il y a un moyen de faire que le désespéré sursoit à son projet et qu'il se donne le temps de changer d'avis. À nous de le trouver, telle est notre quête !

Savoir que ces idées de mort sont réversibles nous aide à établir un dialogue de confiance avec le malade, nous donne une assurance qui le tranquillise. Notre expérience de telles situations nous permet de déjouer certains pièges tendus par la maladie.

Nos échecs nous ramènent à une dimension plus humaine et nous soulignent qu'il ne s'agit pas seulement de technique dans l'approche de celui qui veut se tuer. Le désir de soulager celui qui souffre est beaucoup plus important. Cela, le déprimé peut le ressentir. À nous de lui faire prendre conscience que nous avons les moyens de notre ambition.

Nous laissons s'exprimer le malade : cette libre expression permet de libérer une tension intérieure qui entretenait la volonté de suicide. Le médecin spécule sur le fait qu'une fois cette tension disparue, la situation deviendra moins critique.

Avoir des pensées de mort n'est pas la preuve d'une dépression en soi, mais n'avoir que cette seule issue à l'esprit dénote un trouble dépressif grave. Il ne faut pas se tromper à ce sujet, la différence est essentielle.

Quelquefois les patients utilisent des formules qui mettent à l'épreuve la conviction apparente du médecin : « Mais, docteur, qu'est-ce qui vous permet de vous opposer à mon suicide ? On accepte bien l'idée de l'euthanasie, pourquoi ne pas me l'appliquer ? » disent certains. La réponse tient dans le fait que l'état du patient est temporaire. Nous le savons, lui ne le sait pas. À nous de l'en convaincre.

Dans ce type de consultation, ressentie comme une dernière chance, on aborde souvent l'ambiguïté que nous avons tous vis-à-vis de la mort décidée. Le fait même que le patient qui proclame son désir de mourir soit présent devant nous illustre cette ambiguïté : c'est le signe, même infime, qu'il persiste un espoir et que, peut-être, le désespéré espère encore. Il ne s'agit pas pour nous d'en faire état, ce serait inefficace, mais de le prendre en compte dans notre stratégie.

Dépasser cette situation d'urgence consiste en effet à **faire renaître un futur immédiat** (se suicider, c'est ne pouvoir vivre le quart d'heure à venir). Et ce futur, c'est la mise en œuvre d'un traitement et la prise d'autres rendez-vous. Bien souvent, le patient dit : « Vous ne pouvez rien pour moi ». Nous répondons : « Peut-être cela vaut-il le coup d'être essayé » ou « On verra bien ». En même temps, nous proposons un rendez-vous dans les jours qui viennent. Donner une date précise et proche balise ce futur en question. On est un peu dans une situation de prise d'otage. Mais le suicidaire est son propre otage. Le déprimé qui, en fin de consultation, accepte en larmes l'idée de se faire soigner ou d'être hospitalisé n'est pas très loin du preneur d'otage qui se rend. Une énorme décharge émotionnelle accompagne cette évolution. Cela demande du temps, une présence chaleureuse et de la patience.

Toute idée de suicide représente **un symptôme majeur qui ne doit jamais être banalisé**. Il faut cependant parvenir, avec une marge d'erreur toujours possible, à situer la réalité foncière de ce désir de mort. Dans certains cas, les plus graves, l'idée de mort traduit un renoncement absolu, définitif, à toute relation. On a presque l'impression qu'il n'existe plus d'ambiguïté par rapport à l'idée : la décision est inscrite comme dans de la pierre. L'intervention du médecin pourrait paraître inutile. Le suicidaire refuse d'aborder le sujet. Si on le pousse dans ses retranchements, il ment, il nie la réalité de ses projets morbides. Quelquefois, enfermé infailliblement dans le piège que sa dépression a progressivement construit autour de lui, il va jusqu'à jouer la comédie. « Mais, docteur, ma famille s'inquiète à tort. Je ne vais pas si mal que ça. » Il essaie de donner le change pour pouvoir ensuite « tranquillement » attenter à ses jours. Ce type de patient est en danger de mort immédiat. Il faut parfois décider d'une hospitalisation d'urgence. Heureusement, dans ce cas, l'opposition du déprimé est rarement absolue. Il finit par accepter, à condition qu'il ne perçoive aucune hésitation chez le médecin et chez ses proches qui l'accompagnent.

Le déprimé suicidaire vivant seul, sans famille, sans entourage, est dans une situation encore plus dangereuse. Lui, personne ne le persuade de consulter. Personne ne va décrire son état au psychiatre. C'est malheureusement le cas de beaucoup de personnes âgées, chez qui le taux de mort par suicide est très élevé.

Certains déprimés ont des idées de mort qui leur traversent l'esprit par moments, plutôt qu'elles ne les assaillent en permanence. Le danger de suicide est moindre. Cependant, lors d'un accès aigu d'angoisse et de désespoir, comme c'est fréquent au petit matin et à la tombée de la nuit, l'idée de mort peut survenir brutalement et s'accompagner d'un passage à l'acte.

« Docteur, faut-il le surveiller en permanence ? ». Nous entendons souvent cette phrase dans l'entourage d'un suicidaire. Réponse : dans certaines phases de la dépression, notamment au début du traitement, en attendant qu'apparaisse l'effet antidépresseur, mais aussi plus tard (car les idées de mort peuvent persister un certain temps), la surveillance doit être étroite. Mais plus que de surveillance, parlons de présence. On ne peut pas, on ne doit pas organiser une surveillance vingt-quatre heures sur vingt-quatre. Si cette dernière se révélait nécessaire, il serait préférable d'hospitaliser le déprimé. En revanche, une présence calme, apaisante, chaleureuse permet au déprimé de renoncer le plus souvent à des envies de suicide qui lui viennent par bouffées.

Beaucoup de déprimés proclament que jamais ils ne se suicideront : « Je n'en aurai jamais le courage », ou : « J'ai trop peur de me rater », ou encore : « Je ne peux pas faire ça aux miens ». Méfions-nous de ce genre de discours comme du fréquent : « Je ne suis plus bon à rien, même pas capable de me suicider ». À tout moment, le déprimé peut avoir le sursaut d'énergie qui le fera passer à l'acte.

Bien sûr, des attaches affectives, de bons liens familiaux sont une aide en de telles circonstances, encore qu'il faille ne pas trop en parler ; pas du : « Tu ne peux pas nous faire ça », ni de « Nous t'aimons, tu ne te rends pas compte de la peine que tu nous fais ». Ce genre de phrase ne ferait qu'augmenter le sentiment de culpabilité que le déprimé nourrit vis-à-vis des siens. Cela le confirme dans son sentiment d'être indigne de l'amour qu'on lui porte et pourrait précipiter le drame.

Outre la solitude, d'autres circonstances peuvent faciliter un passage à l'acte suicidaire, notamment l'alcool. Ce dernier peut lever les dernières inhibitions, « donner du cœur à l'ouvrage », et rendre le passage à l'acte possible.

« Ceux qui l'annoncent ne le font pas »

Ce n'est pas parce qu'il annonce son intention de se suicider qu'il ne la réalisera pas (et que l'entourage devrait se rassurer).

Certains, avant de se suicider, en parlent ; d'autres non. Et c'est bien là un doute torturant.

Annoncer qu'on va se suicider peut vouloir dire : « Je vais mal », « Je suis sur le point de perdre le contrôle de moi-même » ; il faut savoir entendre : « Protégez-moi ».

Il n'y a pas vraiment de suicide-chantage, ni de chantage au suicide ; dans les deux cas, il s'agit d'une souffrance exprimée.

Comment se garder d'en faire trop ou pas assez ? La réponse est extraordinairement difficile, elle est en proportion de l'enjeu. Il n'existe pas de recette, charge à chacun de nous de s'interroger sur son honnêteté foncière dans cette situation.

Pourtant, malgré la connaissance du problème, malgré ses efforts et son dévouement, il est arrivé à chaque praticien, au fil des années, de ne pas parvenir à éviter un suicide.

Marie-Ange, Étienne et Anne se sont suicidés dans des circonstances chaque fois douloureuses, mais chaque fois différentes.

Joseph et Ylang sont, d'une certaine manière, allés plus loin encore dans le désir d'anéantissement, ils ont entraîné leurs proches dans la mort.

Le récit de ces drames dit, mieux que de longs commentaires, en quoi, chez beaucoup de déprimés, le risque suicidaire est une terrible épée de Damoclès.

Marie-Ange avait trente-quatre ans : « D'accord, docteur, je passe prendre mes affaires et je rentre en clinique ». On l'y attendait. Elle était apparemment soulagée de savoir qu'elle allait être prise en charge. Elle préparait ses affaires quand elle a découvert une bouteille de whisky. Elle qui n'en buvait jamais en a bu cette fois, vraisemblablement sous l'effet de l'angoisse et de la dépression. Elle a ensuite téléphoné à Philippe, son mari, avec qui elle était en conflit. Plus tard, Philippe nous a dit qu'elle avait au téléphone une élocution difficile, qu'elle semblait penser au ralenti, mais que son discours était entièrement axé sur les reproches qu'elle lui faisait. Lui tentait de temporiser, ne sachant s'il fallait interrompre la conversation téléphonique, se précipiter auprès d'elle ou s'il fallait continuer à parler. Sa peur est devenue panique quand elle lui a parlé du revolver qu'elle venait de trouver dans un des tiroirs du bureau. La conversation s'éternisait. Plus le niveau du whisky diminuait, plus le drame prenait corps. Marie-Ange a tiré.

« Ah, si nous l'avions accompagnée chez elle, puis à la clinique ! » Nous nous en sommes fait le reproche. Pourtant, si elle était déprimée, elle ne paraissait pas véritablement suicidaire. La clinique était nécessaire, car Marie-Ange avait besoin, pour être soignée, d'isolement et de repos. Alors ? Le hasard et surtout l'alcool ont tout fait basculer. La conversation avec Philippe a sans doute joué un rôle. Lequel exactement ? Ce n'était pourtant pas la première fois qu'elle déversait sur lui sa rancœur…

Depuis des années, Étienne faisait des épisodes dépressifs. Cette répétition des dépressions, malgré les traitements, a constitué un réel handicap dans sa vie, tant au plan professionnel qu'au plan familial. Sa femme était très gentille avec lui, mais il y avait beau temps qu'il n'était plus un mari : la maladie, les médicaments et le temps passé avaient eu raison de sa virilité.

Cela faisait des années qu'il songeait à se suicider. Il avait fait une ou deux tentatives qui avaient échoué. « J'ai raté même mon suicide », avait-il commenté, persuadé de ne plus être bon à rien. Sans que les choses aillent apparemment beaucoup plus mal. On l'a retrouvé mort, un beau jour, dans son garage, sur une sorte de chaise électrique qu'il s'était construit et qui avait demandé plusieurs mois de travail. Il a laissé des cassettes à sa famille, où il explique la piètre opinion qu'il avait de lui-même, le poids qu'il était pour tous, où il laisse entendre qu'on n'a pas su l'aider et donc que sa mort est une libération pour tout le monde. Il y a longtemps qu'il avait ce projet. Cela ne l'empêchait pas de lutter avec l'aide de son médecin et de sa famille. Mais comme rien n'a été vraiment efficace, il en a « tiré les conclusions ».

Anne avait déjà connu plusieurs épisodes dépressifs profonds. Les traitements avaient été rapidement efficaces et elle avait repris une vie normale. Elle nous était d'ailleurs très reconnaissante de l'avoir « sortie d'affaire ».

Puis, alors qu'elle avait retrouvé sa joie de vivre, les premiers signes de rechute ont réapparu, confirmant ainsi que, comme son frère, elle était maniaco-dépressive (ou cyclothymique). Elle le pressentait d'ailleurs. Cette rechute n'était pour elle qu'une confirmation. Elle est donc revenue nous consulter. Ensemble, nous avons envisagé la possibilité d'un traitement par le lithium, qui évite les rechutes et qu'on allait débuter dans quelque temps, si nécessaire. Mais, pour l'instant, le plus urgent était de lui prescrire des antidépresseurs qu'elle supportait bien et qui avaient été efficaces, en dix à quinze jours, les fois précédentes.

Bien que préoccupée d'avoir eu la confirmation qu'elle était cyclothymique, Anne est partie apparemment rassurée. Deux heures après, elle se suicidait. Qu'était-il arrivé ? Quelle faute avait été commise ? Quel indice était passé inaperçu ? Qu'aurait-il fallu faire ? Qu'était-il possible de faire ?

Entre le suicide de Marie-Ange, celui d'Étienne et celui d'Anne, qu'y a-t-il de commun ? Pas grand-chose, sinon qu'ils étaient tous les trois déprimés et que l'idée de mort peut à tout moment s'imposer au déprimé.

Dans certains cas, le désespoir est tellement inscrit comme définitif, le monde et la vie sont tellement assimilés à l'enfer que le déprimé se sent dans l'obligation de soustraire sa femme et ses enfants à une telle torture. C'est cette évaluation délirante de la vie et du monde qui conduit le déprimé à ce que nous appelons le suicide altruiste.

« Il tue sa femme, son fils et son chien, puis se blesse grièvement », ont titré les journaux. L'histoire a révélé que Joseph était déprimé depuis plusieurs mois : en arrêt de travail, épuisé, ne dormant plus. La vie lui paraissait insupportable, tout lui était un effort immense, le monde lui semblait hostile. L'idée de mort s'est installée, s'est imposée, l'a assailli. De plus en plus, il s'est persuadé qu'il ne pouvait laisser ceux qu'il aimait dans un tel enfer. Une nuit, vers trois heures du matin, il a pris son fusil de chasse.

On l'a d'abord soigné pour ses blessures, puis on l'a interné dans un hôpital psychiatrique, où il a subi huit électrochocs. Il en est sorti six mois plus tard. Joseph n'est pas allé en prison. Les experts psychiatres, nommés pour évaluer son état au moment des faits, ont conclu à la maladie mentale, à la non-responsabilité, en vertu de l'article 64 du Code pénal. Dans leur rapport, ils ont tous les trois insisté sur le caractère particulier de Joseph, sur sa rigidité psychique, son autoritarisme et sa susceptibilité. Mais ils ont écrit également combien Joseph était attaché à sa famille, à son chien. Joseph a raconté ses nuits d'insomnie, son épuisement, ses idées de culpabilité, d'infériorité, sa conviction d'être ruiné. Les idées suicidaires sont d'abord venues occasionnellement, ensuite de façon plus insistante. Puis s'est imposée l'idée qu'il ne pouvait laisser sa femme et son fils vivre une telle horreur. L'idée s'est imposée qu'avant de se supprimer soi-même, il fallait les supprimer, eux. Ce qu'il a fait. Ensuite, il s'est raté…

Aujourd'hui, Joseph est estimé guéri. Mais comment reprendre une vie normale ?

Ylang, elle, était japonaise. Après avoir suivi une formation de danseuse classique dans son pays, à l'âge de vingt-cinq ans elle était arrivée en France pour entrer dans une troupe de ballet de renom. Elle a mené la « vie d'artiste » : les tournées, les premières, les soirées… Elle a eu des amants, qui l'ont aimée.

Mais un jour Ylang a eu quarante-six ans. Et elle a découvert que si son passé était très riche, son avenir s'annonçait très pauvre. Elle était encore très belle mais son métier, sa passion, elle ne l'exerçait plus que dans un petit cours de quartier où elle enseignait la danse trois fois par semaine. Elle vivait seule avec sa mère qu'elle avait fait venir du Japon, une dizaine d'années auparavant, à la mort de son père. Ylang ne s'était pas mariée. Pendant longtemps c'était trop tôt. Et puis, très vite, c'est devenu trop tard. Elle n'avait pas eu d'enfant non plus. Alors, elle avait reporté son affection sur un petit teckel qui la suivait partout et qui était son seul compagnon. Ses amis, elle ne les voyait plus depuis longtemps et elle ne sortait plus le soir. Personne ne pensait plus à l'inviter. Petit à petit, on l'avait oubliée.

Elle habitait un appartement coquet. Mais, là encore, seules les apparences étaient sauves. En y regardant de plus près, on notait les tapisseries défraîchies, le tissu du canapé usé par endroits.

Le salaire qu'elle recevait comme professeur suffisait à peine pour régler le loyer et se nourrir. Et seules les quelques traductions qu'elle faisait pour un éditeur japonais lui permettaient d'assumer le quotidien. Mais la maison d'édition a fini par fermer.

Alors, elles ont longuement parlé, sa mère et elle. Un soir, elles sont parties faire une promenade en forêt. Le scénario était achevé depuis longtemps. Elles étaient d'accord.

Ylang a trouvé un coin tranquille, au bout d'un chemin de terre. Elle a arrêté la voiture. Avec une corde, elle a étranglé son chien, puis elle est rentrée dans l'auto où l'attendait sa mère et, calmement, elle a divisé en deux parties égales le nombre de comprimés.

Deux jours plus tard, des promeneurs ont découvert les corps des deux femmes. « Elles semblaient dormir… », ont-ils déclaré aux gendarmes.

Ylang est allée jusqu'au bout de son geste. Joseph, lui, s'est raté. Son cas à lui est le plus fréquent : bien souvent, dans ces suicides « altruistes », le responsable ne parvient pas au bout de son projet. Il s'arrête par épuisement, se rate ou va se rendre ; comme si accomplir une telle série de gestes demandait une trop grande énergie.

Mais l'avenir de Joseph est marqué à tout jamais par ce drame. Il n'a pas eu la chance d'être aidé à temps, soigné assez vite. Il avait pourtant, lui aussi, et depuis des mois, tous les signes d'un grave état dépressif.

Quant à Ylang, il est probable que son origine culturelle ait joué un rôle, comme semble le démontrer la participation active de sa mère.

8 ni si simple, ni si compliqué

Dans ce livre nous tentons de simplifier l'approche de la dépression qui, comme tout phénomène humain, est : ni si simple, ni si compliqué.

Bien que ou parce que spécialistes en la matière, nous sommes sans cesse étonnés, même ulcérés, des effets d'annonce, des vérités tronquées, voire des contrevérités concernant les déprimés qui paraissent encore dans la presse. Dans ces cas, au manque de rigueur du journaliste se mêle la recherche de notoriété de certains médecins. Soulignons cependant que la qualité moyenne des articles sur la dépression s'améliore et participe à l'éducation des patients, à l'information du public.

Les chiffres peuvent-ils mentir ? Oui, par la façon de les présenter ou par l'usage que l'on peut en faire. **Retenez que la dépression recouvre un ensemble d'états qui vont du grave au léger en passant par le modéré, les dépressions graves étant heureusement minoritaires, mais les légères pouvant avoir des conséquences sévères.**

On a déjà souligné combien les études épidémiologiques semblent souffrir d'une « inflation diagnostique ». On a montré que le symptôme psychiatrique est non spécifique, au point que de simples difficultés existentielles peuvent être assimilées à des dépressions.

L'homme déprimé représente une intrication de données historiques et actuelles, d'acquis et d'inné, de prévisible et de hasard. Il est donc nécessaire de mieux définir l'objet de l'étude, de bien délimiter les champs du normal et du pathologique pour un meilleur repérage du symptôme dépressif.

Les états psychiatriques sont souvent définis à partir de « théories explicatives » (psychodynamiques, sociologiques, cognitivo-comportementales...) ; ou, au contraire, seulement décrits (selon une approche dite « athéorique »), simplification qui ne tient compte ni du contexte, ni de la modification des symptômes avec le temps.

Pour la dépression, le problème est encore plus complexe, puisque certaines émotions éprouvées par le déprimé font partie des affects ressentis par les non déprimés. La tristesse, émotion commune, devient pathologique par son intensité et par le fait qu'elle n'est pas modifiée par les événements heureux qui, logiquement, devraient la faire disparaître.

L'humeur devient-elle pathologique, selon une évaluation quantitative, dans un continuum du normal au pathologique ou est-elle en rapport avec un changement qualitatif (rupture par rapport à un état antérieur) ? **L'humeur devenue pathologique, c'est la température corporelle devenue fièvre. Et l'on peut dire que la dépression est comme la fièvre : cela va du bénin au malin, mais c'est constamment hors de la « bonne santé ».**

Mais la clinique de la dépression ne se limite pas à la seule tristesse, elle comporte une constellation d'autres symptômes tels que le ralentissement psychomoteur, l'insomnie, le trouble de l'appétit...

La question de savoir si l'humeur dépressive est un symptôme primaire à l'origine des autres symptômes demeure ouverte. Certains, en effet, pensent que le processus unitaire à toutes les dépressions est le ralentissement. D'autres récusent cette nécessité d'identifier un processus primaire, ils renoncent à toute théorie explicative pour s'en tenir à la seule description des symptômes. Ainsi, en plus de la forme avérée, on décrit un grand nombre de dépressions qui constituent la majorité de celles-ci, et dont la symptomatologie apparente est moins intense ou est exprimée dans des plaintes somatiques ou dans des équivalents dépressifs comportementaux. Il y a donc un élargissement du champ de la pathologie dépressive.

COMMENT, AVEC UNE SÉMIOLOGIE MANQUANT DE REPÈRES STABLES, S'ÉLABORE LE DIAGNOSTIC DE DÉPRESSION ?

Sous l'influence des psychiatres nord-américains, un grand mouvement de la communauté psychiatrique a conduit à élaborer des critères diagnostiques. Cette démarche a pour objet d'éliminer le plus possible la subjectivité de l'observateur et de favoriser les échanges entre chercheurs de cultures différentes. Cet a priori est sans doute légitime dans le monde de la recherche. Il en va tout autrement dans la démarche médicale. La subjectivité intervient dans le recueil des données, dans l'analyse de celles-ci (contexte, culture), dans le rapprochement de certains symptômes, dans l'évaluation de la gravité présente comme dans l'évaluation du pronostic.

Subjectivité et intuition participent à l'élaboration du diagnostic, à l'estimation du pronostic et à la conduite du traitement de la dépression. C'est dire que **le médecin, outre une connaissance théorique, doit posséder de l'intuition et du talent** à l'instar du pianiste qui interprète une partition plutôt qu'il n'égrène des notes.

La valeur du symptôme ne se limite pas à sa présence ou à son absence, pas même à des degrés de gravité. Il participe à un ensemble complexe qui donne une signification particulière à chaque élément. Chaque symptôme a un poids spécifique. **Il pèse aussi d'un poids relatif selon la présence ou l'absence d'autres symptômes.**

L'existence d'idées de mort, symptôme fréquent, changera de gravité :

– selon que le sujet sera **anxieux et agité ou accablé et ralenti** rendant toute action plus difficile ;

– selon qu'**il boira ou non** : l'alcool est bien connu pour lever les inhibitions et pour favoriser les passages à l'acte ;

– selon qu'**il a fait ou non une tentative de suicide dans le passé** (on sait que 50 % des déprimés morts par suicide avaient fait plusieurs tentatives de suicide auparavant) ;

– selon qu'il y a eu **suicide d'un membre de la famille** ;

– selon que **le déprimé est solitaire ou, au contraire, bien soutenu** par un entourage chaleureux ;

– selon certains traits de personnalité : la personnalité du psychopathe favorise les passages à l'acte ; le déprimé à la personnalité paranoïaque prépare volontiers son suicide et peut l'étendre à ceux qu'il aime (« suicide altruiste »).

Quoi de plus objectif qu'un réveil en milieu de nuit ? On peut même en relever l'heure indiquée par la pendule. Ce symptôme aura une signification différente :

– selon que le sujet est jeune et jusque-là bon dormeur ;

– selon que le réveil s'accompagne ou non de ruminations anxieuses ;

– selon qu'une affection rhumatismale provoque chez le déprimé des douleurs en deuxième partie de nuit et interdit tout sommeil.

Les difficultés cognitives, constantes dans la dépression et d'intensité variable, doivent être appréciés autrement que dans l'absolu :

– s'agit-il d'un intellectuel ou d'un manuel ?

– quelle importance le sujet attache-t-il à sa mémoire ?

Un symptôme n'a pas un sens univoque, son sens se précise par la présence des autres symptômes. La ruine peut être le symptôme délirant d'une dépression grave, ou la conséquence inéluctable d'une dépression qui perdure ou encore le facteur causal d'une dépression réactionnelle.

De plus, le déprimé, pour des raisons diverses qui vont de sa propre réassurance au besoin d'alarmer son entourage, communique souvent un message qu'il faut décoder. Cette façon de minimiser ou de théâtraliser doit être respectée, du moins au début, si l'on ne veut pas provoquer une rupture de la relation thérapeutique ou un effondrement dangereux.

Quelquefois, la douleur morale n'est pas exprimée. Au contraire, le sujet s'efforce de faire bonne figure et de rassurer son entourage. Il est secrètement convaincu qu'il ne mérite pas autant d'attention. C'est une forme grave de dépression car elle a un fort potentiel suicidaire.

COMMENT SE CONSTRUIT LE DIAGNOSTIC DE DÉPRESSION ?

À partir du comportement et du discours du sujet, en retraçant son histoire, en s'appuyant souvent sur des éléments rapportés par l'entourage, le médecin traite les informations et dresse la liste des symptômes et leur force intrinsèque. La coexistence d'autres signes ou d'autres données de l'histoire constitue des indicateurs sur la nature et la gravité de la dépression, qui guident le choix des traitements.

Les statistiques rapportent que 2/3 de ceux qui ont fait un épisode dépressif majeur en auront au moins un autre dans le cours de leur vie.

L'évolution naturelle de la maladie dépressive tend vers la répétition des épisodes : **50 % des patients ayant une dépression unipolaire rechutent dans les deux ans.**

En moyenne on observe 4 à 6 récidives dépressives dans les vingt ans qui suivent le début d'une maladie dépressive récurrente.

De telles informations, issues des enquêtes épidémiologiques, même si elles peuvent prêter à discussion sur la manière dont elles ont été recueillies et traitées, participent évidemment à un diagnostic de récidive dépressive.

Dans la construction diagnostique on retiendra également la notion de perturbations de l'humeur au moment des règles ou encore la notion d'une période d'hyperactivité (avec réduction du temps de sommeil et euphorie) avant l'état dépressif. Le passage d'un état à l'autre que nous appelons virage de l'humeur est très caractéristique de certaines dépressions…

D'autres statistiques doivent être connues pour mieux prévenir les drames :

– 10 à 20 % des déprimés meurent par suicide ;

– 10 % des sujets ayant fait une tentative de suicide mourront par suicide dans les années qui suivent ;

– 50 % des déprimés morts par suicide avaient fait une ou plusieurs tentatives de suicide.

Les réponses aux traitements utilisés lors des épisodes dépressifs antérieurs sont un argument, sinon diagnostique, au moins pronostique.

Personnalité et dépression

Personnalité et dépression ont des liens évidents, mais ils sont complexes et leur nature même ouvre sur de nombreuses interrogations.

Certains traits de personnalité rendent le sujet vulnérable et facilitent les décompensations dépressives.

Certaines personnalités pathologiques conduisent plus facilement à la dépression. En outre certains traits ou certains troubles de la personnalité compliquent le traitement des patients déprimés.

Analyser la personnalité du déprimé présente un triple intérêt :

– l'expression clinique de la dépression varie avec la personnalité du déprimé ;

– le choix du traitement, la conduite de ce dernier, les effets indésirables comme les effets thérapeutiques des médicaments dépendent, pour une large part, de la personnalité du malade ;

– le futur du déprimé, après l'épisode dépressif, dépend largement de sa personnalité.

L'étude des interactions entre personnalité et dépression permet de définir la façon de conduire les traitements et d'en améliorer les effets.

Les concepts de vulnérabilité dépressive et de modifications post-dépressives de la personnalité sont admis de tous, mais les études nécessaires pour en définir l'importance et l'incidence sont difficiles, car elles font appel à des groupes de malade très homogènes, ainsi qu'à une méthodologie sophistiquée qui repose sur des études prospectives comprenant une étude de la personnalité antérieure à la dépression.

9 les origines de la dépression

Il nous faut maintenant revenir sur une autre question, source de débats éternellement contradictoires : ces maladies dépressives sont-elles biologiques ou psychiques ? Ou les deux ?

Au départ, cela se passe dans la tête et c'est par là qu'il nous faut commencer : par le fonctionnement cérébral.

Est-ce une simple machine isolée ? Une sorte d'usine autonome susceptible de se dérégler ? La pensée existe-t-elle indépendamment de tout support biologique ? Peut-elle se modifier sans que des intermédiaires biochimiques soient concernés ?

Certainement pas : voyons pourquoi.

Le mythe du cerveau ordinateur

Souvent, pour imaginer ce qui fonctionne à l'intérieur de la boîte crânienne, on compare le cerveau humain à un ordinateur dont les programmes seraient capables de gérer les diverses fonctions du système nerveux central. Cette métaphore est pratique, mais très approximative, en tout cas très franchement insuffisante pour rendre compte des processus psychologiques liés, chez l'homme, à l'existence de l'inconscient. Pourtant, comme un ordinateur, notre cerveau est constitué de milliards d'unités de base (10 milliards de neurones), chacun de ces éléments est connecté à d'autres (chaque neurone présente plus de 1 000 connections avec les autres neurones). Des informations circulent en permanence en tous sens, entraînant effectivement la mise en jeu de mini-programmes, destinés à adapter en permanence le sujet aux stimulations qu'il reçoit et aux modifications de son milieu de vie. Ces stimulations sont transmises électriquement ou chimiquement tout au long de circuits extrêmement complexes. Des relais se font entre les zones « électrifiées » et les zones « biochimiques ».

De très nombreuses substances interviennent dans cette neuro-médiation. Les plus connues d'entre elles sont la noradrénaline, la dopamine et la sérotonine. Mais des molécules plus simples, comme les acides aminés, interviennent également en inhibant ou en excitant certaines zones de transmission. La famille des peptides joue un rôle très important dans le fonctionnement des neurones.

Le fonctionnement d'ensemble de l'organisme, de la naissance à la mort, de jour et de nuit, repose pourtant sur la bonne qualité de la transmission qui s'effectue dans ce réseau complexe. Cette machinerie mystérieuse est réglée à plusieurs niveaux et elle agit dans un système d'influences réciproques où événements extérieurs et transformations internes jouent à tour de rôle des fonctions émettrices et réceptrices. Les hormones ont une fonction importante. Les interconnections étroites qui mêlent système hormonal endocrinien et système de neuro-transmission rendent compte du rôle des facteurs hormonaux dans le déclenchement ou dans la facilitation de certains troubles de l'humeur.

Le cerveau sous influences

Le cerveau n'est pas seulement un immense ordinateur. Il n'est pas davantage un simple réseau de transmission de messages électriques et chimiques.

Il est en permanence sous influences.

Influences externes, provenant des perceptions sensorielles : le cerveau est constamment informé des données de l'environnement et son fonctionnement s'en trouve modifié.

Influences internes : le cerveau reçoit aussi des messages internes l'informant de l'état du corps, état qui varie aussi en fonction de nombreux paramètres. Les manifestations psychiques, au moment des règles, en sont un exemple banal.

D'autres influences jouent sur le fonctionnement du cerveau : l'hérédité qui déterminera notamment l'équipement en protéines (grosses molécules qui constituent les structures nerveuses, et notamment les récepteurs sur lesquels les neurotransmetteurs viennent délivrer leur message) ; l'histoire du sujet, par ses traces mnésiques.

Mais le fonctionnement psychique est surtout influencé par l'autre. Il s'agit, en effet, d'un système interactif où les influences réciproques sont permanentes et déterminantes. L'environnement humain joue un grand rôle dans le développement et la maturation du psychisme ; il influence en permanence le comportement de l'individu, qui, en retour, influe sur l'environnement humain.

Un cerveau ne peut donc se concevoir comme isolé ou encore comme statique, c'est l'élément d'un ensemble, et le tout est en perpétuel mouvement du fait d'influences réciproques.

Un enfant, normalement constitué à la naissance, mais élevé au milieu d'animaux, sans contact humain langagier, se développerait comme un simple mammifère ; l'histoire de l'enfant loup est encore dans toutes les mémoires.

Un adulte normal, privé artificiellement de stimuli sensoriels, qui ne verrait plus, n'entendrait plus, ne sentirait plus, deviendrait fou en peu de semaines. Ces techniques de déprivation sensorielle ont d'ailleurs, hélas, été utilisées. Il faut donc souligner que le cerveau de l'homme n'existe que par rapport à son environnement et en fonction de son histoire propre, de ses souvenirs et de ses oublis.

Le cerveau et ses langages

Il faut reconnaître que ce système interactif n'explique pas tout. Cela ne révèle rien, par exemple, sur le « langage » de ces transmissions.

Les facteurs internes susceptibles de déclencher des stimulations biologiques, au sein du cerveau, sont faits d'événements biologiques, mais aussi de mots, portés par les traces mnésiques des événements individuels heureux ou malheureux. Des phrases, des mots, des noms et des prénoms, mémorisés ou refoulés, agissent au niveau cérébral.

Certains sujets présentent chaque année, **à la date anniversaire d'un deuil important, une réaction dépressive** qu'ils ne mettent que rarement en relation avec cette période qui, dans le temps, fut une période triste.

Il est bien connu que le contenu d'un rêve peut, de la même façon, accélérer le cœur, provoquer une érection ou un orgasme.

Depuis vingt ans, jour après jour, on découvre l'infinie complexité de ce système interactif. Au fil des pages, nous avons insisté sur le rôle néfaste de certains conseils aberrants. Nous avons vu comment, au contraire, une attitude plus juste peut soulager le déprimé. Ces actions, défavorables ou favorables, aggravant ou améliorant l'environnement physique et psychique du déprimé, s'intègrent, chacune à sa manière, dans ce système cérébral informatif et adaptatif. Être entendu, compris soulage l'angoisse du déprimé, modifie sa perception des choses, peut infléchir ses comportements d'échec, peut redonner une lueur de vie à l'image tellement détériorée qu'il a de lui-même.

Le temps, les mots, les regards, les médicaments jouent leur rôle dans une scène où l'on ne sait pas encore très bien qui règle ou dérègle les décors, qui colore de noir ou de rose la toile de fond. Il est difficile de conceptualiser le système qui intègre ces données hétérogènes.

Tous les événements dramatiques, comme la perte d'un être cher par exemple, provoquent un trouble psychologique qui se traduit et se mémorise grâce à des supports biologiques. À l'inverse, les modifications biologiques provoquées par les traitements viennent modifier le système de pensée, ramener l'espoir dans une idéation qui ne broyait que du noir.

Ce système interactif complexe étant mis en place, que peut-on dire aujourd'hui des causes et des dysfonctionnements en relation avec la dépression ?

La dépression est-elle héréditaire ?

Elle peut l'être. Elle ne l'est pas toujours. Seules certaines formes de dépression, celles que nous avons dites « endogènes » et qui présentent des caractéristiques précises, sont en relation avec un facteur héréditaire important.

Ces dernières années, on a montré que la dépression et les antidépresseurs jouaient sur la transmission des messages entre les neurones.

D'un neurone à l'autre (fente synaptique) passent des substances qui viennent stimuler des récepteurs.

Le fonctionnement biochimique de ces récepteurs utilise de nombreux « outils » enzymatiques, pour synthétiser, transformer, dégrader les molécules nécessaires au transfert des informations.

Mais la qualité des outils qui interviennent dans ces fonctions de transmission cérébrale diffère en fonction du programme génétique des individus. La génétique moléculaire tente actuellement de comprendre comment s'expriment les gènes qui codent, pour chacun de nous, ces divers outils enzymatiques.

Mettre au clair ces processus de transmission génétique permettrait de comprendre comment certains troubles de l'humeur se transmettent de génération en génération, partiellement ou pas du tout.

On sait bien, en effet, que **certaines familles se distinguent par la fréquence des dépressions et des suicides dans leur arbre généalogique**. On parle alors de dépressions endogènes, celles dont on dit qu'elles surviennent volontiers sans cause décelable. Mais les études génétiques, qui ont confirmé une dimension héréditaire, n'ont pas encore permis d'isoler une anomalie chromosomique précise à l'origine de ces dépressions. Cette découverte est sans doute assez proche et les travaux effectués aux États-Unis, dans la population des Amishes, sont riches d'informations.

Les Amishes, groupe ethnique venu d'Allemagne il y a plus de deux siècles, vivent entre eux dans un espace géographique très réduit, près de Philadelphie, à l'est des États-Unis.

Ayant conservé des traditions fortes, religieuses en particulier, les Amishes, depuis plusieurs générations, ne se marient qu'entre eux.

L'absence de dispersion de leur groupe, leur haut niveau de consanguinité, leur faible importance numérique ont permis d'étudier de très près leurs arbres généalogiques.

Chez les patients souffrant de dépressions à rechutes et, singulièrement, ceux souffrant de psychose maniaco-dépressive, il apparaît clairement que le pourcentage d'ascendants ayant des troubles de l'humeur est très nettement supérieur à celui que l'on observe dans l'arbre généalogique des membres de la population générale.

Une chose est sûre, la génétique et l'hérédité n'expliquent pas tout dans le domaine de la dépression. Ici, comme pour tout ce qui concerne la vie psychique, on retrouve l'intrication étroite des facteurs génétiques et des facteurs de l'environnement. L'enfance, le développement, les premiers mois de la vie modifient le schéma initial. N'oublions jamais que, chez l'homme, le sujet de parole s'intrique au sujet biologique et au sujet social.

La dépression est-elle « psychologique » ?

Elle peut l'être, elle ne l'est pas toujours, certaines le sont.

Chaque sujet humain, pour se développer et vivre, s'attache fortement à des systèmes de valeur, à ce que les psychanalystes appellent, au sens imagé du terme, des « objets ». Les « objets » d'un homme ou d'une femme, ce sont ses parents, un compagnon ou une compagne, des enfants, des frères et sœurs, des amis, un animal... Mais ce sont aussi une situation professionnelle ou sociale, une maison d'enfance, l'image que chacun se fait de lui-même...

La disparition brutale d'un ou de plusieurs de ces « objets » est à l'origine de certaines dépressions dites réactionnelles, mais dont l'intensité, dans certains cas, peut être majeure.

Même si la dépression apparaît d'origine psychologique (deuil, rupture sentimentale), il y a mise en jeu, dans le fonctionnement cérébral, d'une cascade d'événements dans laquelle, bien entendu, les systèmes biologiques sont très vite impliqués.

Existe-t-il des dépressions en rapport avec une autre maladie ?

Il y a des dépressions qui effectivement sont **secondaires à une maladie organique**. On l'a déjà vu, pour la maladie de Parkinson ou une tumeur du cerveau, dont les premières manifestations sont fréquemment des symptômes dépressifs.

Des maladies souvent graves, tel le cancer, peuvent s'accompagner de dépression en rapport avec l'idée d'un destin inexorable ou du fait de douleurs intolérables.

Des maladies moins sévères, mais longues à soigner, sinon chroniques, telles que des maladies rhumatismales, s'accompagnent volontiers de réactions dépressives. D'autres maladies bénignes, telles que la grippe ou autres affections virales, peuvent entraîner une fatigue et une évolution dépressive. Les maladies endocriniennes comportent des manifestations psychiques ; il s'agit le plus souvent de dépression, notamment lors d'insuffisance thyroïdienne ou d'insuffisance surrénalienne.

Les liaisons entre dépression et maladies du corps sont tellement étroites que nous avons l'habitude de pratiquer un bilan organique chez beaucoup des déprimés qui consultent pour la première fois.

Les liens psyché-soma sont infinis, étroits et mystérieux. Il semble bien que certains états dépressifs soient des signaux d'alarme et précèdent ainsi des maladies graves, telles que infarctus du myocarde ou cancer digestif…

Certaines dépressions sont **secondaires à l'usage de certains médicaments**. Ce peut être le cas des traitements contre l'hypertension artérielle, encore qu'on ne sache pas très bien qui est le principal responsable de la dépression : l'hypertension artérielle ou certains des médicaments utilisés pour la combattre.

Parmi l'ensemble des médicaments antihypertenseurs, on suspecte plus particulièrement l'alphaméthyldopa ou les bêtabloquants.

Souvent, il faut insister sur la responsabilité des médicaments anorexigènes (« coupe-faim ») dans la survenue de la dépression. Après une phase d'excitation, avec légère euphorie, une dépression s'instaure assez brutalement, souvent grave et difficile à traiter.

La dépression **secondaire à la chirurgie et, surtout, à l'anesthésie générale** qu'elle implique est une éventualité qu'il faut connaître, pour mieux la prévenir.

La fréquence des dépressions s'accroît si un séjour en service de réanimation a été nécessaire.

Il s'agit d'un problème reconnu par tous et qui a fait s'interroger les médecins sur les conditions d'environnement de tout acte thérapeutique. Les dépressions, observées après chirurgie et/ou réanimation, ne sont pas liées à la gravité que le sujet attribuait à son état, mais plus aux conditions dans lesquelles se trouvait le patient : bruit, lumière, insomnie… Ces constatations, faites voici quelques années, ont conduit les milieux chirurgicaux et de réanimation à améliorer l'environnement sensoriel des malades opérés ou réanimés. Une meilleure surveillance psychologique a également contribué à réduire l'incidence de ce type de dépressions.

Si certains, après lecture, nous font le reproche d'avoir trop médicalisé notre propos, c'est que nous n'aurons pas été suffisamment clairs ou bien, cela n'est pas non plus à exclure, qu'ils n'auront pas voulu comprendre que c'est d'une maladie dont nous avons parlé. Nous allons maintenant nous intéresser à certaines situations de vie au cours desquelles des éléments dépressifs sont présents, mais qui ne constituent pas pour autant une maladie dépressive.

10 les réactions dépressives

Qui peut se vanter d'avoir vieilli, traversé plusieurs grandes étapes de l'existence, sans avoir eu le sentiment, passager ou durable, d'avoir été, quelque temps : « pas bien dans sa tête », anormalement triste, sans beaucoup de goût pour la vie, sans projet réel, pessimiste, fatigué, tourné vers son passé. Certains disent alors : « Je suis déprimé ». Au sens vrai du terme, au sens médical, ils ont tort. C'est pourquoi beaucoup disent : « J'ai frôlé la dépression ».

Nous venons de voir de quoi étaient faites les dépressions caractérisées. Nous avons vu vivre, dans leurs souffrances, des déprimés graves. Des symptômes précis caractérisaient leur situation. La mauvaise qualité de leur sommeil, leurs souffrances physique et morale intenses, le ralentissement psychomoteur faisaient d'eux des sujets malades, enfoncés dans un état qui, pour certains, les empêchaient même de penser. À l'évidence, les périodes dépressives dont nous parlerons ici, et dont beaucoup de lecteurs, sans doute, ont l'expérience, sont différentes.

La vie, parfois, fait mal

Aucun de nous n'est identique et si chacun essaie de mener sa barque au mieux, nous savons bien qu'après quelques années de « régate », les bateaux ne se ressemblent pas. Dès le départ, ils étaient différents. L'héritage génétique joue un rôle, nous l'avons dit, pas déterminant mais réel. Tous ne sont pas préparés de la même manière au voyage.

À certains on parle, on explique, on commente, on dit les règles du jeu de la vie ; à d'autres, on ne dit rien ou presque. Tous ne sont pas conçus dans les mêmes circonstances. Tous ne sont pas désirés de la même façon.

Les parents, le milieu affectif et éducatif jouent un grand rôle dans cette préparation.

Certains enfants manifestent tôt de bonnes structures, d'autres sont plus lents à se construire, d'autres encore s'organisent mal et en souffriront longtemps. Le passage de l'enfance à l'âge adulte est rapide, chacun étonné se retrouve seul face à la vie, parfois aux coups durs. Il faut se cramponner, éviter les fausses manœuvres ; les mieux armés s'en sortent, pour les autres... attention aux premiers dérapages !

Mais alors, qui sont les désavantagés, ceux que les coups de la vie vont plus facilement déstabiliser ? Quelles sont ces personnalités fragiles, qu'il faudra mieux aider, mieux soutenir tout au long du parcours ?

Souvent, ce sont des sujets fragiles et vulnérables qui voudraient se réaliser pleinement, mais n'ont pas, en eux, toutes les ressources suffisantes. Ils n'ont pas les moyens de leurs ambitions ; c'est parce qu'ils perçoivent leurs limites qu'ils sont gênés dans leurs aspirations.

Nous connaissons ces personnes souvent réservées, peu assurées, extrêmement consciencieuses, qui se montrent très sensibles aux moindres blessures, aux plus petites remarques. Peu convaincues de leur valeur propre, ne sachant pas bien qui elles sont vraiment, elles se cachent souvent derrière une sorte de façade qu'elles savent fragile et que ni les autres, ni la vie ne doivent attaquer.

L'image que ces personnes ont d'elles-mêmes est mauvaise, souvent elles ont du mal à expliquer, à se raconter. Leur capacité à « penser » clairement leurs difficultés, à les analyser en prenant un peu de distance est faible. Alors, elles résistent mal aux à-coups de la vie.

Parfois, c'est à la vie tout court qu'elles se font mal. Dans ce cas, le mot de dépression accompagne souvent leur destinée, mais cela n'est alors ni une maladie ponctuelle, ni une réaction passagère, plutôt une manière particulière, un peu triste, d'être au monde. On parle alors de **personnalité dépressive**.

Mais il n'est pas besoin d'une telle personnalité pour traverser des crises dépressives. Car tous, nous rencontrons des périodes difficiles, lors desquelles nous nous sentons mal préparés.

L'adolescence est un bon exemple de ces passages à risques, Bruno et sa « mob » nous le montrent bien.

Adolescence : « Y a que sa Mob qui compte... et encore »

Bruno, jusqu'en juin dernier, était vraiment « un brave gosse », gentil avec tout le monde, bon fils, plutôt bon élève.

Il y a deux ans, quand les parents s'étaient séparés, Bruno, qui était resté avec sa mère, avait plutôt bien pris les choses. Pour ses seize ans, il avait eu la Mobylette de ses rêves. Aujourd'hui, sa mère, qui l'accompagne, ne comprend plus rien.

« Depuis que nous avons déménagé et qu'il est dans son nouveau lycée, il ne s'est fait aucun copain. À la maison, ou bien il dort jusqu'à midi, ou bien il s'abrutit devant la télé, ou encore il s'occupe de sa Mob pendant des heures. Les études ? Pas la peine d'en parler. Il ne fait rien. Pourtant il redouble, il pourrait tout de même faire un effort. Il ne sait d'ailleurs même plus ce qu'il veut faire. En plus, je ne peux rien lui dire, il ne supporte plus rien, il m'envoie balader pour un oui, pour un non. Je ne reconnais plus mon fils, on a l'impression qu'il se fiche de tout. Ou alors il se drogue, mais il a juré à son père et à moi qu'il n'avait jamais rien pris. »

Nous avons alors avec Bruno une longue discussion. Il ne nie pas ce que sa mère nous a dit en sa présence ; il explique mal ce qui lui arrive, il se sent différent depuis quelques mois, mais sans vraiment dire pourquoi. La vie lui paraît un peu vide. Pourquoi il ne fait rien au lycée ? Parce qu'il ne voit pas bien à quoi ça va servir. Mais aussi, parce qu'il n'arrive plus à écouter. Il décroche. Même quand il a essayé, il oubliait tout.

Le sport ? Non, il a tout arrêté, même le foot qu'il avait commencé en sixième.

Les filles ? Non, c'est pas son truc en ce moment ; de plus, en mangeant sans arrêt, il a pris des kilos. Il a peur de ne pas leur plaire.

La Mob ? Ah oui ! parce que quand il bricole ou quand il roule, il est seul, bien, il ne pense à rien.

La drogue ? C'est vrai, il le jure, il n'y a jamais touché, ça ne le tente pas. Oui, il était d'accord pour venir voir un médecin. Mais Bruno ne voit pas bien ce qu'on peut changer. La mort ? Le suicide ? Il y pense parfois plus qu'avant, mais il ne le fera jamais, à cause de sa mère : déjà qu'elle est toute seule maintenant...

Pour aider Bruno, la famille et le médecin ont dû être vigilants. Il s'agit d'un âge où le suicide est fréquent, violent, impulsif ;

l'agressivité ne sait pas trop où se diriger et se retourne souvent vers l'adolescent lui-même.

Quelquefois, ce n'était pas le cas de Bruno, on retrouve des fugues, des excès de boisson, un peu de toxicomanie ou de délinquance. Derrière tout cela, il faut penser à l'aspect dépressif.

Les parents de Bruno ont ressenti le besoin de faire intervenir un tiers, un médecin. Ils ont eu raison.

Il ne faut pas hésiter à proposer à un adolescent qui va mal d'aller consulter un médecin. On peut l'y encourager, sûrement pas le forcer. S'il veut bien y aller, il faut respecter sa démarche, ne pas tenter à tout prix de savoir « ce qu'il a dit ».

Il cherche, difficilement, à se construire une identité. Parents, soyez vigilants, présents, affectueux, mais pas indiscrets.

Nous avons revu Bruno chaque semaine jusqu'à l'été. Il a pu exprimer ce mélange intérieur de tension et de vide qu'il ressentait depuis quelques mois. Nous l'avons accompagné un moment dans cette crise de maturation qui le désorganisait.

Il a parlé de sa peur du futur et des filles.

À son retour de vacances, nous l'avons vu souriant et calme. On lui avait volé sa Mobylette sur la Côte, mais il s'était trouvé une petite amie…

Freud ne disait-il pas : « il faut aimer pour ne pas tomber malade » ?

Aimer oui, mais qui à cet âge-là ?

Post-partum blues

La réaction dépressive qui survient trois à cinq jours après l'accouchement et qui porte le nom de « post-partum blues » est une illustration particulière des liens étroits existant entre vie hormonale et dépression. Cet état, fréquent et pénible, est fort heureusement transitoire. La jeune accouchée pleure, se sent épuisée et triste alors qu'elle devrait, pense-t-elle, vivre un des moments les plus heureux de sa vie. Il est fréquent, en outre, qu'elle ait peur de faire involontairement du mal à son bébé. En le blessant, en le laissant tomber par terre. Et cela accroît encore son trouble et sa souffrance. Il faut savoir lui dire que, dans ces circonstances (qu'on appelle phobies d'impulsion), on ne passe jamais à l'acte. Beaucoup de jeunes mères souffrent de ce syndrome, il n'arrive jamais rien

au bébé et cet état n'est que momentané. C'est ce qui a été expliqué à Sylvie, dont le bébé vient de naître.

« Mais pourquoi pleure-t-elle ? » demande le jeune papa dans le couloir de la maternité.

Il ne comprend pas. L'accouchement s'est bien passé et la mère et l'enfant se portent bien, selon la formule consacrée. La petite Valérie a crié tout de suite et très fort. Elle est jolie, la chambre est remplie de fleurs, dehors c'est l'été et ce bébé, leur premier, ils l'ont voulu tous les deux. Alors comment Sylvie peut-elle dire d'un sourire triste qu'elle est heureuse et pleurer pour un oui, pour un non ? Chaque mois, au moment de la « mauvaise période », comme elle dit, il avait l'habitude de la voir tendue, énervée et souvent au bord des larmes. Cela, il pouvait le comprendre. Mais là, il ne comprend pas. Même si, pendant les deux derniers mois qui ont précédé la naissance, il l'avait sentie anxieuse, irritable, presque pessimiste, il avait mis ça sur le compte de la fatigue, de l'impatience et aussi de l'appréhension de l'accouchement.

Non, vraiment, il ne comprend pas ; il est désemparé. Tout va bien. Sylvie a mis au monde une petite fille superbe qui lui ressemble et elle pleure… « Elle est malade », pense-t-il.

La puéricultrice a perçu le désarroi du jeune père. Elle l'invite à venir boire un café. Elle le rassure : « Bien sûr, votre femme est ravie et elle le sera encore davantage dans une semaine. » Elle a vu ça mille fois, la puéricultrice. Elle n'est pas inquiète. Elle sait que dans deux ou trois jours, cela va passer. « C'est la fatigue », dit-elle, éludant ainsi un certain nombre de questions. Ce n'est pas l'heure. Elle ramène le papa à la joie d'une naissance. Position primaire qu'il faut favoriser dans de telles circonstances. Cela passera… Et d'autant mieux que tout le monde joue bien son rôle : elle-même, le père et tout l'entourage.

Il faut s'occuper du bébé, mais aussi de la maman avec beaucoup de tendresse et de chaleur. Lui dire combien on l'aime, elle, combien on est convaincu qu'elle saura prendre soin de son bébé, qu'on l'y aidera, qu'elle ne sera pas seule.

De retour à la maison, à la sortie de la maternité, il faudra pendant quelque temps veiller sur elle avec une attention particulière. Bien entendu, si la grand-mère de l'enfant avait été encore en vie, elle aurait pu venir passer quelques jours avec sa fille, et cela aurait peut-être facilité les choses.

Le père apprendra pour finir que ce que vit la jeune accouchée porte pour les médecins le joli nom de « post-partum blues » et que ce blues ne dure pas...

La relation entre réaction dépressive et séquences de la vie hormonale et génitale est bien connue. Mais la nature profonde de cette relation demeure encore mystérieuse.

Très régulièrement, chaque mois, un certain nombre de femmes se retrouvent instables, très émotives, tristes et tendues. Cet état disparaît spontanément avec la survenue des règles. Ces réactions dépressives cycliques peuvent constituer un réel handicap dans la vie. L'intensité de ces réactions est très variable et ne dépend sans doute pas des seuls facteurs biologiques hormonaux, mais aussi de la manière dont les règles sont perçues. Cependant, il est étonnant de constater avec quelle régularité on retrouve ce type de troubles dans les antécédents de femmes présentant, plus tard, des épisodes dépressifs caractérisés et en relation avec une maladie maniaco-dépressive.

Mais, après une naissance, les mamans ne sont pas les seules à réagir, les pères quelquefois font des réactions dépressives. La biologie, alors, n'est plus en cause. Cela montre bien qu'un événement, même heureux, peut bouleverser l'équilibre psychologique d'un sujet : devenir père, c'est cesser de pouvoir être, « en rêve », soi-même encore un enfant.

En deuil, mais pas déprimée

Marie-Louise : « Docteur, ce sont mes enfants qui ont pris rendez-vous pour moi ». Elle pleure, elle est tout en noir, elle a perdu son mari voici un mois. « Pendant toute sa maladie, j'ai tenu le coup, même à l'enterrement j'ai réussi à surmonter ma peine, mais c'est maintenant que je sombre. Je ne me contrôle plus, je n'arrive plus à me raisonner... » Elle ne dort plus. Elle a perdu cinq kilos. Elle pleure toute la journée en parlant avec son mari dont elle a encadré toutes les photos dans la maison. La nuit, elle regarde la place vide dans le lit et se sent désemparée. Elle interpelle son mari dans le noir « Pourquoi m'as-tu laissée seule ? Nous étions si heureux ensemble... ».

La dame en noir a été très soulagée de nous entendre lui expliquer qu'il ne s'agissait pas d'une dépression comme le croient ses enfants très inquiets, mais d'un immense chagrin provoqué par le deuil.

Nous ne lui volons pas son amour, ses souvenirs, sa tristesse en établissant ce diagnostic. Mais ensemble, nous allons tomber d'accord pour chercher une aide relative, une écoute et des médicaments prescrit transitoirement pour l'aider à dormir, afin que ce deuil ne devienne pas au fil des mois, un authentique état dépressif.

Adaptations difficiles

Bien souvent, la période de vie n'explique pas à elle seule la réaction dépressive. On se trouve plutôt en face de situations où s'entremêlent l'âge, les circonstances, la survenue d'un événement qui apparaît comme causal, mais qui en réalité ne fait que s'ajouter aux autres.

C'est chez l'urologue que nous retrouvons Charles.

Charles a soixante ans. Il sort de chez l'urologue, qui lui a confirmé que sa prostate était un peu volumineuse et qu'il faudrait enlever l'adénome, mais « dans quelques années ». Il y a deux ans, son entreprise a fermé ses portes. Il a dû prendre sa retraite. Aujourd'hui, cette « prostate » vient s'ajouter au reste, lui confirmer qu'il est devenu un « vieux ».

Les quinze ans de moins de sa femme, qui le flattaient plutôt jusqu'à ces derniers temps, il les ressent maintenant péniblement. Il passe ses journées à ne rien faire, à ne pas savoir quoi faire. On le sent lointain, perdu dans ses pensées. Dans l'inaction qu'il appelle inutilité. Ses problèmes de prostate, il les assimile à l'impuissance. D'ailleurs, depuis plusieurs mois, il a moins d'envies sexuelles, ce qui le confirme dans son sentiment de perte de sa virilité.

Quant à son manque d'intérêt pour la lecture et la télévision, il pense tout simplement que c'est dû à son affaiblissement intellectuel. Bref, il ne faudrait pas le pousser beaucoup pour qu'il se croie gâteux. Son caractère devient bougon et il trouve de moins en moins d'intérêt à ses petits-enfants.

Il y a deux ans, à cinquante-huit ans, Charles a dû cesser de travailler. En même temps que l'adaptation difficile, les troubles de la prostate étaient intervenus. Ces derniers, minimes et n'exigeant pas de traitement, n'auraient eu aucune conséquence grave s'il avait encore été actif. Mais, devenant oisif par force, il a « gambergé » et en a tiré des conclusions peu flatteuses sur sa virilité.

Lassitude, perte d'intérêt, retrait affectif, troubles du caractère sont autant de symptômes de réaction dépressive qui tous viennent le conforter dans l'idée qu'il est « vieux », voire sénile.

Charles sent bien, contrairement au déprimé profond, qu'il exagère, qu'il charge son bilan. Il sent bien qu'un événement favorable peut tout changer.

Ce sera le cas : le fils d'un ami, dont l'entreprise est florissante, a besoin d'un homme d'expérience et de confiance.

Après quelques hésitations (dues à sa pensée dépressive), mais grâce à l'insistance de son ami, Charles acceptera la proposition et retrouvera son tonus, sa joie de vivre…

La prostate ? On verra plus tard…

Et s'il n'avait pas eu cette chance ? Il aurait dû consulter. Espérons du moins qu'il l'eût fait. Un antidépresseur aurait été prescrit sans doute mais pas seul, il aurait fallu à Charles des entretiens psychothérapiques. Il aurait pu ainsi passer en revue sa vie, son histoire, ses conflits internes… Il aurait pu faire la part des choses, évaluer ce qui était dû aux événements extérieurs, sur lesquels on n'a pas de prise, et ce qui était dû à ses problèmes personnels. Au cours des entretiens, il aurait pu constater que son intelligence n'avait pas diminué et que ses doutes à ce propos n'étaient que l'expression d'une réaction dépressive. Son image s'améliorant à ses propres yeux, c'est-à-dire cessant d'être abusivement négative, la créativité serait réapparue. On lui aurait sans doute suggéré de retrouver une ou plusieurs activités puisque, manifestement, il était trop jeune pour s'arrêter et qu'il ne pouvait s'adapter à son statut d'inactif.

Trop jeune pour arrêter, sans doute, mais conscient qu'il vieillit comme Marlène qui n'a que quarante-huit ans, mais dont la féminité est en crise.

Un mauvais passage… Marlène, à quarante-huit ans, se désole de ne pouvoir perdre les six kilos gagnés depuis un an, s'ennuie toute la journée chez elle. Ses tâches ménagères sont réduites au minimum depuis que sa dernière fille, vingt-deux ans, est partie vivre avec son ami, il y a deux mois. Elle sent bien qu'elle agace son mari avec ses malaises, ses crises de larmes pour un oui, pour un non. Elle a honte de ses bouffées de chaleur qui la transforment en « pivoine dégoulinante ». Son gynécologue lui assure que ces manifestations désagréables de la ménopause vont disparaître rapidement. Il n'empêche : elle se sent bloquée, dévalorisée et en train de perdre sa féminité. Bien sûr, il s'agit d'un « mauvais passage ». La ménopause, l'éloignement des enfants sont des événements normaux, pas dramatiques. En fait, ce qui la touche davantage, c'est la révélation de l'échec de son couple. Oh, bien sûr, elle le sentait depuis longtemps. Mais c'était confus dans son esprit. Et puis, les enfants, la maison, la vie familiale, quelques brèves aventures faisaient écran... Mais, maintenant, elle se retrouve seule avec son mari dont la jovialité, l'appétit de travail, la réussite lui sont devenus insupportables.

D'ailleurs, il lui manifeste peu d'intérêt. Et Marlène le comprend : « Il faut avouer que je ne suis guère séduisante avec mes pleurs... je fais la tête... j'ai l'air triste. »

Ses nuits sont devenues difficiles et fréquemment interrompues par des cauchemars ou des rêveries mélancoliques entre veille et sommeil.

La tristesse, les pleurs, les troubles du sommeil, l'attitude de retrait sont des symptômes de réaction dépressive.

Le départ de la dernière fille a été l'événement déclenchant. Il y a eu rupture d'un équilibre avec nécessité de s'adapter à une situation nouvelle. Mais apparaît alors le conflit sous-jacent, la mauvaise entente avec le mari. Ce dernier est très satisfait, ne se sent pas impliqué et attribue l'état de sa femme à la ménopause, au départ de sa fille. Il ne réalise pas combien, venant de lui, cette interprétation est agressive pour sa femme.

Si l'on n'y prend garde, Marlène peut cristalliser sur la perte de sa féminité : « J'ai perdu mes enfants... je ne suis plus une vraie femme ».

L'indication d'un traitement antidépresseur se discute, nous le pensons justifié dans la mesure où il serait de courte durée. Il ne s'agit pas de médicaliser par « facilité », mais d'exercer une sorte de prévention en évitant l'entrée dans les cognitions négatives susceptibles de chroniciser un état de souffrance.

Le traitement sera également psychologique. Il faut permettre à Marlène de s'exprimer franchement sur ses difficultés avec son mari, l'aider à bien évaluer l'importance de ses problèmes. Il ne faut pas qu'elle se bloque sur une solution extrême – divorce ou abandon total. Il faut lui faire prendre conscience qu'elle peut vivre pour elle-même, par elle-même, sans rompre avec les autres, et encore plus sans leur nuire.

Marlène ira également consulter un gynécologue qui lui prescrira un traitement hormonal évitant l'ostéoporose, le flétrissement accéléré de la peau et facilitant la lubrification vaginale. Mais attention, il ne faut pas que Marlène prenne ce traitement pour une féminité de substitution. Cela ne ferait que la confirmer dans la perte de cette féminité, alors qu'il ne s'agit que de changement.

Trop, c'est trop

En fait, quels que soient les âges de la vie, certains événements peuvent, par leur accumulation, provoquer une crise.

Un individu, même solide, peut facilement basculer devant l'accumulation des difficultés excessives ou trop simultanées. Dans ces cas, la dépression n'est pas majeure, la mort n'est pas une obsession, la souffrance passe longtemps inaperçue. L'aspect dépressif n'est repéré qu'a posteriori, au travers de comportements ou de décisions inhabituelles. La pensée dépressive n'est pas au premier plan, ne s'exhibe pas, elle imprègne simplement, discrètement la vie du sujet.

Tout le monde perçoit confusément que, pour Pierre, « quelque chose » ne va pas, personne ne sait exactement quoi.

Ça ne tourne pas rond, cela fait des mois que Pierre ne va pas bien. Au début, on le trouvait « changé », maintenant on le trouve « insupportable ». En effet, il est devenu irritable, ne parvient pas à écouter ; on ne peut plus obtenir de lui une décision claire.
Depuis plusieurs mois, il se sent tendu, mais refuse qu'on le qualifie d'anxieux, se réveille fatigué après une nuit agitée. Sa femme, ses gosses l'agacent. Au bureau, il parvient à donner le change grâce à ses réflexes professionnels, mais tente de différer toute décision importante. Tout le monde l'irrite, il trouve les gens « nuls ». Les revers qu'il a essuyés ces derniers temps peuvent évidemment être attribués à la malchance, à la conjoncture défavorable, à la maladresse des autres… Mais il y croit de moins en moins, et commence à prendre conscience que si tout marche aussi mal, c'est peut-être parce que lui n'est pas bien. Il est vrai que depuis un an environ sa consommation d'alcool a augmenté de façon « incroyable » (c'est lui qui le dit). Et il ne peut plus s'endormir sans son comprimé d'Imovane®.
« Ça va passer, dit-il, j'ai eu des périodes plus difficiles dans ma vie. » Peut-être… Pourtant, loin de s'améliorer, la situation se dégrade. Cette

année, en décembre, pour son rapport d'activité de fin d'année, il a dû « arrondir » certains chiffres. La direction ne s'en est pas aperçue. « C'est triste, se dit-il, de mentir comme un gamin quand on a quarante-cinq ans. » Il l'a fait pour se « donner de l'oxygène », il espérait corriger l'erreur. En fait, il s'enfonce et redoute le rapport de l'année prochaine.

Ses palpitations cardiaques se font de plus en plus fréquentes. Il a vu un cardiologue. « Votre cœur va bien, mais vous feriez bien de voir un psychiatre », lui a dit ce dernier.

Pierre a été un peu surpris, mais pas vraiment étonné. Il percevait, depuis quelque temps, que « ça ne tournait pas rond dans sa tête », qu'il ne faisait qu'accumuler les difficultés de tous ordres.

Grâce à quelques consultations où Pierre a pu largement s'exprimer, il est apparu qu'il avait très mal négocié le passage des quarante ans. Sa résistance physique n'est plus la même : il faut évidemment cesser de vouloir tout faire, de vouloir rivaliser en sport avec des garçons de vingt ans… Autour de lui, on a vieilli aussi : ses enfants ne sont plus vraiment des gamins. Il faut maintenant qu'il les écoute mieux et tienne compte de ce qu'ils disent. Pas la peine de renoncer aux sorties chez les amis, mais il faut en réduire la fréquence et certainement diminuer l'alcool. Pierre se rend compte que sa femme avait mieux senti tout cela ; c'est certainement pourquoi il lui « en voulait inconsciemment » et avait le sentiment que ses enfants et elle « faisaient bloc contre lui ». Petites idées de persécution injustifiées, mais qui influaient sur son caractère. De même, il a senti que, dans son hyperactivité, il ne trouvait plus un moment pour penser à lui, à sa vie, pour communiquer tranquillement avec sa femme et ses enfants. Son agressivité, a-t-il constaté, se nourrissait du sentiment de ne plus rien maîtriser, d'une sourde culpabilité à ne pas savoir gérer sa propre existence.

Au début, nous lui avons prescrit une faible dose d'antidépresseur qui l'a aidé à dormir mieux qu'un hypnotique. Au bout de trois mois, Pierre a enfin retrouvé son état normal habituel. Il se rend compte, a posteriori, que cela faisait longtemps qu'il allait mal, et surtout qu'il a frôlé la catastrophe dans sa famille et dans son travail. En fait, il était à la veille de faire une dépression grave.

Un moment de fragilité… Frédéric n'a pas obtenu la promotion qu'il convoitait. C'est pour dans six mois, un an maximum, lui a-t-on dit. Il l'aura, c'est sûr. Alors pourquoi est-il fatigué, triste, irritable ? Tout va bien à la maison, sa femme et ses enfants sont en pleine forme, l'ambiance est bonne. Ce retard dans son avancement n'a pas eu de grave conséquence financière. D'ailleurs il s'en souvient – la fatigue, les sautes d'humeur, les réveils pénibles à cinq heures du matin sont apparus avant « la mauvaise nouvelle ». Il n'a jamais été comme ça. Pas même quand son père est mort alors qu'il avait dix-huit ans et qu'il s'est retrouvé avec sa mère désemparée et sans argent. Alors pourquoi ? C'est sa femme qui l'a convaincu de consulter un psychiatre en lui disant : « Je ne sais pas ce que tu as, mais tu ne parais pas bien… »

Au bout de deux à trois semaines, Frédéric se sent franchement mieux. Il comprend, au cours des consultations, comment, en plus du travail intense qu'il a toujours fourni, il était depuis plusieurs mois parasité, surmené par l'attente de cette promotion. Et lorsque, enfin, on lui a annoncé que cette promotion serait retardée, il l'a ressenti comme une grave injustice : d'autres avaient été promus qui le méritaient moins que lui ; il s'est même senti un peu persécuté, ce qui est fréquent dans les périodes d'intense fatigue.

Maintenant, il se rend compte qu'il s'était beaucoup trop investi dans sa carrière. Il a pris du recul par rapport à l'événement. Sans renoncer à son ambition professionnelle, il l'intègre mieux dans l'ensemble de sa vie.

Bien sûr, il avait apparemment mieux résisté à la mort subite de son père. Mais il avait vingt ans de moins. Et la situation était tellement difficile qu'elle a mobilisé toute son énergie. Le deuil s'est effacé derrière les examens, les petits boulots pour faire face financièrement. À l'époque, il avait tout à prouver dans l'action. En fait, cette promotion retardée, événement mineur en soi, n'a eu un tel impact qu'à cause de la fragilité momentanée de Frédéric.

Ces deux exemples, qui parlent beaucoup de travail, sont des histoires d'hommes et pas de femmes. Ce n'est pas un hasard. Mais, dans dix ou vingt ans, avant peut-être, l'histoire s'écrira autrement. La société évolue et même si les femmes tentent de mieux répartir leurs intérêts entre vie professionnelle et vie personnelle, beaucoup sont, comme les hommes, de plus en plus asphyxiées par les exigences de travail. Les hommes ne sont plus les seuls à mettre dans leur poste leur image. Le narcissisme professionnel concerne les deux sexes.

Globalement cependant, les hommes restent plus exposés à ce type de troubles. Un poste est-il modifié, supprimé, c'est eux-mêmes qui se sentent inutiles, annulés, c'est ce que l'on observe chez de nombreux chômeurs.

Dans tous les cas, le rôle protecteur du milieu familial et de l'entourage socio-professionnel est important. Bien soutenu, compris et aidé, le sujet ne s'enfonce pas.

Mais s'il est seul, ou s'il se sent seul (ce qui témoigne déjà de sa tendance dépressive), s'il est déraciné, livré à lui-même, sans contact humain chaleureux, l'évolution dépressive risque de s'accélérer. De la simple réaction dépressive, on risque vite de passer à la dépression vraie.

Alcool, cause ou conséquence ?

L'excès d'alcool intervient fréquemment au cours des réactions dépressives qui s'installent insidieusement, durent et finissent par imprégner plus ou moins complètement un mode de vie. Cette question, qui concerne aussi bien les femmes que les hommes, nous vous proposons de l'aborder à travers les histoires de Carole et de Gérard.

Carole avoue ne plus supporter les voyages professionnels de son mari. Les soirées sont longues et elle ne résiste pas, malgré ses bonnes résolutions, au whisky qui, pourtant, la fait grossir.
C'est dans ce contexte de lutte quotidienne avec son « remontant » qu'est intervenue la rupture avec Félix, un collègue de bureau. Ce n'était pas une grande histoire d'amour. Simplement quelques agréables moments qui meublaient ses soirées solitaires. C'est lui qui l'a quittée : sa femme avait appris leur liaison. Alors, Carole a tenté de dire à son mari qu'elle ne se sentait pas bien, qu'elle avait peur, qu'elle supportait de moins en moins bien ses absences. Il s'est fâché : en l'épousant, elle savait bien qu'il était VRP, toujours sur les routes. Elle l'a bien supporté jusqu'à présent. Et qui fait bouillir la marmite ?

Apparemment résignée, Carole est devenue de plus en plus anxieuse, surtout le matin au réveil. Elle ne mange presque rien et pourtant elle est bouffie : « Ça n'arrange pas le moral », avoue-t-elle. Elle se plaint aux uns et aux autres : on l'écoute à peine. Elle sent bien qu'elle commence à lasser ses amis avec ses jérémiades… Combien prend-elle de Témesta® par jour ? Difficile à dire. Le matin, elle ne sait plus vraiment où elle en est. Elle sent qu'elle est devenue une « boule d'angoisse ». Il est vrai que le « traitement » de la veille a laissé des traces : whisky – combien ? elle a oublié –, Témesta®, Stilnox®, et encore Témesta® si elle s'est réveillée durant la nuit.

Elle a déjà connu des périodes semblables dans le passé : quand elle avait « la déprime », elle abusait des tranquillisants et de l'alcool. Mais jusqu'à présent, elle s'en est toujours sortie en décidant de cesser de boire pendant plusieurs mois. Cette fois, elle a le sentiment qu'elle ne va pas voir le bout du tunnel…

Au cours d'une réaction dépressive comme au cours d'une dépression, les traits de personnalité sont forcés, voire caricaturaux. Carole a toujours refusé d'affronter la réalité, quand celle-ci devenait pénible, en se réfugiant dans les tranquillisants ou l'alcool.

Cette pratique, ô combien répandue, crée la dépendance qui, elle-même, entretient l'anxiété. C'est le cercle vicieux dans toute sa dangerosité. L'anxiété entraîne une moindre maîtrise émotionnelle, provoque des troubles de la mémoire, de l'attention, du jugement, autant de symptômes renforcés par l'alcool et l'abus de tranquillisants.

Il est évident que le problème de Carole ne se résume pas à une réaction dépressive. De même, il est évident que les absences professionnelles de son mari ne sont pas la seule raison de son comportement. En fait, Carole a un problème avec l'alcool. Ce goût pour les boissons alcoolisées et les tranquillisants trouve son origine dans son immaturité. Carole se sert de l'alcool pour se tranquilliser, se rassurer, se donner, pour quelques heures, un peu d'une euphorie qui ne lui est pas naturelle. Son histoire névrotique est le fond du problème : c'est elle qu'il faut prendre en compte. La réaction dépressive est secondaire – une conséquence.

Devant Carole pourtant, dans un premier temps, nous insisterons sur l'aspect dépressif. Car il est plus convenable, dans

notre société, d'être déprimé qu'alcoolique. Ainsi, Carole se « dévalorisera-t-elle » moins à ses yeux. Mais son avenir repose cependant sur la prise de conscience de son problème d'alcool. Pourquoi en a-t-elle besoin ?

L'alcoolique jaloux. « Il ne veut pas que je travaille. Et vous savez pourquoi, docteur ? Parce qu'il est persuadé que je le trompe. Je ne sais pas où il va chercher ça. D'abord j'en ai pas envie et puis je me demande où je trouverais le temps. »

Christiane, qui tient ce discours excédé, est une jeune femme de trente ans, jolie et discrète. Gérard, son mari, un peu plus âgé, est assis à côté d'elle, l'air gêné. Ils ont deux enfants, huit et quatre ans, un garçon et une fille, tout pour être heureux. Plus tard, Gérard raconte son état actuel, ses mauvaises nuits émaillées de cauchemars. C'est vrai qu'il est nerveux, la nuit, la journée, qu'il crie pour un rien après les enfants, surtout après le fils, l'aîné, qu'il adore pourtant. Non, il ne prend aucun traitement. Il est représentant, souvent en voiture ; on lui a dit que ces médicaments-là, avec l'alcool c'était dangereux. Alors il préfère ne rien prendre.

L'alcool ? Oui, sûrement un peu trop. C'est depuis qu'il a changé de métier pour gagner plus ; mais les ventes, les objectifs, les visites aux clients, c'était pas son truc. Lui, il était dessinateur. Alors, il a pris l'habitude des petits verres pour se donner du courage. Maintenant, quelquefois dans sa voiture, il a envie de pleurer.

Il se sent fatigué, tendu depuis plusieurs mois. Ses résultats sont médiocres. À jeun, il a de plus en plus peur d'affronter ses clients. Il pense qu'il a raté sa vie : il n'aurait jamais dû quitter son petit bureau d'études. Il pense que sa femme a, comme on dit, quelqu'un dans sa vie. Ah, cette jalousie qui le tenaille ! C'est venu progressivement.

Il a toujours été assez jaloux. Mais avant, il avait confiance. Non, il n'a pas de raison précise. Enfin, elle s'habille un peu trop bien pour aller au bureau. Parfois, elle revient le soir toute contente, comme s'il s'était passé quelque chose. Ah oui ! et puis un soir, son patron l'a appelée à la maison à 20h30, soi-disant pour une histoire de dossier qu'il ne retrouvait pas. Vous pensez…

Oui, très lentement, très insidieusement, la vie de Gérard est en train de déraper.

À ce temps de l'histoire, peu importe de savoir ce qui, du changement de travail, de l'abus d'alcool ou du trouble dépressif

est à l'origine de la situation actuelle. Une chose est sûre : cette jalousie est devenue maladive.

La réaction dépressive qui s'est installée parallèlement a fini de fragiliser une image de lui-même qui n'était sans doute pas très solide, conséquences lourdes pour un dépression légère.

Nous avons expliqué à Gérard les composantes de son état actuel : la place de l'alcool, celle de la dépression ; la nécessité de traiter l'une et l'autre.

L'abus d'alcool ou de tout toxique n'est souvent qu'un symptôme au milieu de difficultés plus complexes. Mais tant que cet excès n'est pas réglé, toute évolution favorable est impossible.

D'un autre point de vue, de nombreux comportements d'alcoolisation, d'abord limités, se sont progressivement aggravés ou chronicisés, et cela dans la mesure où le problème d'ensemble de la personne n'était pas pris en compte.

Souvent un état dépressif concomitant a été négligé. Après des mois ou des années d'évolution, il n'est plus possible de dire si l'alcoolisation a été une cause ou une conséquence de la dépression. Dans tous les cas, le médecin doit hiérarchiser les problèmes, faire la part des aspects dépressifs, du rôle de l'alcool et de la structure psychologique de base. Nous retrouvons là cette fameuse personnalité de départ, cette fragilité qui caractérise certains sujets. Fragilité qu'il faut prendre en compte, mais qu'il ne faut pas confondre avec une maladie.

Déceptions

Marthe aussi a fait une réaction dépressive après qu'on lui ait annoncé que la prime qu'elle attendait ne lui serait pas attribuée. Avec cette prime, elle projetait de s'offrir un grand voyage pour ses cinquante ans. Depuis des mois, elle en étudiait l'itinéraire, calculait ses étapes. Pas de prime, pas de voyage !

Insomnies, irritabilité, repli sur soi, envie de « tout envoyer promener », malaise au réveil se sont brutalement installés. La frustration l'a, un temps, déstabilisée. Mais trois ou quatre semaines plus tard, Marthe a repris le dessus, a fait son deuil de ce voyage et s'est tournée vers d'autres projets.

Parfois, sans participation de l'alcool, l'utilisation excessive de certains médicaments, associée à des traits névrotiques marqués, complique le diagnostic, rend difficile la prise en charge.

La réaction dépressive de Sophie a débuté quelques jours après la rupture de ses fiançailles. Brutalement, à six heures du matin, son cœur s'est mis à battre. Elle tremblait de tout son corps, elle a senti la mort arriver. Haletante, elle a appelé S.O.S. Médecins. Diagnostic : attaque de panique. Traitement immédiat : injection de tranquillisant. Par la suite, les crises de nerfs se sont répétées. Elle agressait tous ses proches, leur reprochant de ne pas lui venir en aide. Mais si quelqu'un se proposait de l'aider, elle faisait des caprices, n'était jamais satisfaite de ce qu'on lui proposait, menaçait de se suicider.

Elle n'avait plus aucun désir sexuel et proclamait que les hommes la dégoûtaient. Depuis toujours elle était mal à l'aise dans les transports en commun et dans les ascenseurs. Mais là, les choses ont pris une tout autre dimension ; elle ne pouvait plus sortir toute seule, il fallait venir la chercher et l'accompagner. D'ailleurs, elle ne tolérait plus de rester seule chez elle : cela déclenchait de terribles crises d'angoisse. Elle a consulté de nombreux médecins, leur annonçant d'emblée qu'elle avait horreur des médicaments. Les praticiens se sont aperçus qu'en réalité elle absorbait beaucoup de tranquillisants de son propre chef. Elle ne suivait aucune indication, persuadée que le médecin ne lui était d'aucun secours.

« Personne ne pouvait rien pour elle et personne ne voulait rien faire pour elle » : c'était son leitmotiv.

De fait, son comportement a fini par irriter tout le monde, même ceux qui l'aimaient beaucoup. En outre, ses crises de nerfs étaient devenues tellement bruyantes et théâtrales, que l'étonnement qu'elles suscitaient dans son entourage s'est bientôt transformé en suspicion, puis en hostilité. Tout le monde était d'accord : il fallait faire quelque chose ! Mais quoi ? D'autant que Sophie contrariait toute velléité de secours. Patience, patience…

Nous venons de voir vivre plusieurs personnes en situation difficile, près de la rupture dépressive. Elles ont toutes accepté de se faire aider ; elles vont comprendre, sortir peu à peu de leurs difficultés actuelles.

Sophie, elle, n'a pas pu ou pas voulu consulter. Et cela risque fort de la mener vers la vraie dépression, vers la spirale dangereuse d'où elle ne sortira qu'après des semaines, voire des mois de traitement. En attendant, il faut s'armer de patience. Accepter d'être là sans être corvéable à merci. Accepter des propos excessifs et contradictoires. Accepter de ne pas influer dans l'immédiat sur son comportement. À ce stade, on ne soigne pas

quelqu'un malgré lui. Un moment viendra où on pourra aborder les problèmes avec plus de calme, où elle cessera de se sentir abandonnée de tous, où elle retrouvera son fonctionnement antérieur.

À ce moment-là, elle aura accepté de consulter ce qui accélérera le processus de guérison. Cela permettra aussi d'engager la psychothérapie nécessaire. Sophie a une nature phobique (peur de situations qui ne présentent aucun danger « objectif »), une immaturité qui lui fait penser qu'on ne l'aime pas, qui lui fait provoquer autrui jusqu'à la rupture. Elle a une personnalité exigeante, autoritaire, liée à une insécurité foncière. Elle ne peut jamais s'investir de façon authentique et tranquille dans une relation.

Si Sophie n'entreprend pas un travail psychologique lui permettant de mieux comprendre sa façon d'être, de se rassurer sur ses aptitudes à vivre, ce genre de situation se répétera de plus en plus souvent. Et elle se coupera de plus en plus de son entourage…

Mais, direz-vous, pourquoi toutes ces histoires qui se ressemblent ? Et vous les psychiatres, qu'avez-vous fait là-dedans ? Bien sûr, ces histoires se ressemblent. Dans toutes, il est difficile de trouver une cause précise aux difficultés en cours. C'est un climat, un ensemble de petits événements qui font qu'insensiblement le goût de vivre s'émousse et peut même disparaître. Dans chacune d'elle on retrouve, à des degrés divers, tristesse, pessimisme, manque de plaisir à vivre, irritabilité, anxiété, fatigue.

Toutes témoignent que la vie est à remettre en chantier inlassablement. Que dans la succession des événements heureux ou malheureux et des situations nouvelles, il faut sans cesse s'adapter, continuer de « grandir », évoluer vers la maturité, apprendre à vivre, et ce n'est pas toujours gai. Le chanteur Alain Souchon nous le dit bien : « Tu la voyais pas comme ça, ta vie ». Alors c'est vrai, l'envie est grande, par moments, de s'arrêter un peu, de s'asseoir là, découragé.

Pour quelque temps, fini les rêves. Décidément il n'est pas Tarzan, elle n'est pas Jane. Et si un temps ils ont cru pouvoir l'être, la vie vient de leur montrer le contraire. Être monsieur et madame Tout-le-Monde, comme leurs parents, dans une vie simple et raisonnable, est difficile. Cela rend triste, pour un temps. Ce temps est variable. Si le sujet a une bonne nature, si les blessures de la vie ne sont pas trop profondes, pas trop rapprochées, si elles ne touchent pas directement les liens affectifs les plus précieux du sujet, il peut sortir seul et grandi de la tourmente.

Mais si les conflits sentimentaux sont trop intenses, la tromperie trop insupportable, le divorce inacceptable, il faut être vigilant.

Ailleurs, des conflits durables dans le milieu de travail, avec les collègues, les supérieurs hiérarchiques ; de mauvaises conditions psycho-affectives constituent des facteurs de risques réels.

Faire une réaction dépressive ne veut pas dire être déprimé. Mais si la situation dure trop longtemps, si le sujet ne reçoit pas d'aide, le risque est réel de passer la frontière.

Nous recevons souvent des patients dont nous repérons bien que cela traîne depuis longtemps, qu'ils auraient dû venir plus tôt, et que nous aurions pu, sans doute, leur éviter de faire une vraie dépression.

« On ne va pas voir un psychiatre pour ça »

« Oui, mais on ne va pas voir un psychiatre pour ça », dit-on volontiers, on a tort.

Beaucoup de souffrances, beaucoup de désordres personnels et familiaux seraient évités si ces personnes, pas tout à fait déprimées mais en état de malaise psychologique, étaient encouragées à consulter. Un psychiatre ? C'est sans doute le meilleur choix. En tout cas quelqu'un qui a du temps, qui sait comprendre, faire la part entre les difficultés existentielles et une douleur pathologique.

Savoir aider un sujet au cours de telles périodes n'est pas simple. La prescription hâtive d'un « tranquillisant » ou d'un « défatiguant », une réassurance de surface ne suffisent pas. Il est souvent difficile d'identifier ce qui est réellement en question chez le sujet. Parfois, la cause avancée, en principe explicite, n'est qu'un brouillard dont le sujet s'enveloppe, sans le vouloir, sans le savoir, pour ne pas découvrir la ou les blessures profondes à l'origine de son état actuel.

Sommes-nous donc des enfants à qui il faut apporter aide et assistance ? Des enfants pas vraiment, de l'aide et de l'assistance sûrement oui. La maladie ou l'accumulation de trop de difficultés nous font régresser vers des positions où, comme dans l'enfance, nous sommes débordés, acculés à des choix tranchés, du genre « tout ou rien ». La pression des événements nous empêche de trouver le recul nécessaire pour analyser et résoudre une situation difficile.

Ce n'est pas d'un père dont on a besoin, mais d'un tiers, rompu aux techniques psychologiques, habitué à la souffrance psychique et à son caractère volontiers irrationnel. Le psychiatre est formé à cela. Si son aide est efficace, c'est parce qu'il connaît bien les mécanismes complexes de la dépression. Familier de l'âme humaine, de ses contradictions et de ses conflits internes, il ne juge jamais. Il propose une aide chaleureuse en évitant de nouer des liens trop affectifs avec son patient.

Il est le mieux formé pour prescrire à bon escient les traitements antidépresseurs.

« Attention, aller voir un psychiatre, c'est mettre le doigt dans un engrenage. C'est comme une drogue. Après, on ne peut plus s'en passer »

Cet argument nous est souvent opposé. Il est évidemment faux. Comment un patient pourrait-il devenir dépendant du psychiatre, alors qu'ils ne se verront que quelques semaines, au mieux quelques mois ? Le rôle du psychiatre, au contraire, est de supprimer une dépendance : celle du malade envers ses troubles.

On observe aussi des troubles chez ceux qui trichent un peu avec leur morale. Ils ne font rien de vraiment mal, mais ont des habitudes de vie dont ils ne sont pas satisfaits. Un tel comportement peut être bien supporté pendant un temps ; mais insensiblement, l'insatisfaction, le désenchantement, une certaine culpabilité apparaissent, puis s'imposent, créant aussi des symptômes d'ordre dépressif. Le sujet a vaguement conscience de ce qui se passe. Progressivement, il ne peut éviter les ruminations anxieuses. Pas véritablement déprimé, il a l'espoir de s'en sortir, il ne sait pas comment. Il lui faut un interlocuteur, qui ne soit ni un moraliste ni un juge et auprès duquel il puisse s'ouvrir. Se découvrir lui-même lui permettra surtout de prendre un recul suffisant vis-à-vis de son mode de vie, de ses habitudes, de son comportement pour les modifier comme il le souhaite.

La culpabilité conduit à faire beaucoup d'erreurs : elle creuse le lit de la dépression. La fatigue, les troubles du sommeil, les troubles psychosomatiques sont autant de signaux d'alarme. Au-delà, ce peut être la dépression grave. « S'en sortir seul » est une bien mauvaise ambition. Et c'est surtout une ultime façon d'éviter de se regarder en face. C'est se donner aussi un délai supplémentaire qui ne pourra que favoriser l'apparition d'une dépression caractérisée.

Dans une telle situation, ni un confesseur ni un ami proche ne sont les bons interlocuteurs. Seul un tiers neutre peut aider à la prise de conscience des problèmes. L'affaire est médicale puisque le patient souffre et peut avoir besoin de médicaments. Le recours au psychiatre est adapté puisque la dimension psychothérapique est importante et qu'il est formé à cela.

Inutile de pousser les hauts cris : c'est vrai, le psychiatre soigne aussi des « fous », et réaction dépressive n'est pas synonyme de folie. En fait, le psychiatre soigne tout être qui souffre moralement. N'ayons plus peur des mots : adressons-nous aux gens compétents quand c'est nécessaire.

II ceux qui se croient déprimés et qui ne le sont pas

Simple réaction dépressive ou dépression caractérisée, la distinction n'est pas toujours simple. Le passage de l'une à l'autre n'est pas obligatoire, heureusement ; mais il est possible et il faut donc s'en méfier. Dans les deux cas, sur le cadran « humeur », l'aiguille est anormalement basse, et c'est cette dépression de l'humeur qui est la préoccupation principale.

Mais la vie psychique de chacun d'entre nous n'est pas simple. Plusieurs cadrans sont à surveiller.

En météorologie, on évalue simultanément la température extérieure, la force du vent et l'état du ciel. Ces trois éléments se mêlent pour définir le temps qu'il fait : froid et sec avec beaucoup de vent ou froid et pluvieux avec peu de vent, etc.

Notre météorologie intime associe, de la même façon, des éléments différents qui composent l'état psychique de notre journée, de la semaine ou du mois...

Nous avons jusqu'à présent beaucoup parlé de l'« humeur », de cette dépression plus ou moins profonde, plus ou moins stable, qui s'est installée brutalement ou progressivement dans la vie de sujets que nous avons appelés les déprimés.

Or beaucoup de gens se disent déprimés et ne le sont pas. Leurs malaises, leurs difficultés, l'inconfort de leur vie reposent sur d'autres perturbations : d'autres cadrans sont concernés. Les aiguilles à surveiller sont davantage celles qui, par exemple, mesurent la fatigue ou le niveau d'anxiété.

Sur le tableau de bord psychique, les trois cadrans : **humeur, fatigue, anxiété** sont voisins, mais différents.

Nous verrons, à la fin de ce chapitre, à titre d'exemple, un instrument simple et performant qui permet de s'orienter.

La fatigue n'est pas forcément dépressive

Le médecin sait différencier et classer les symptômes. Ce n'est pas toujours facile, car il y a bien des nuances.

Cela explique que beaucoup se croient déprimés, alors qu'ils ne sont que fatigués.

Xavier, lui, croyait faire une « déprime ».

Le fatigué... « Je suis sans énergie. », « Je me sens bloqué devant la moindre chose à faire. », « Je suis obligé de me forcer pour faire quoi que ce soit. », « J'ai du mal à faire les choses que j'avais l'habitude de faire. », « Ma mémoire me semble moins bonne que d'habitude. »
Autant de phrases que Xavier se répète souvent, depuis quelques semaines. En descendant de la passerelle de l'avion qui le ramène ce soir de Marseille à Paris, Xavier trouve sa sacoche de voyage un peu lourde. Parti ce matin, à 7h15, d'Orly-Ouest ; réveillé depuis 6h ; couché à peine cinq heures plus tôt, pour cause de plan de réunion à revoir ; il se sent las. Cela fait bien une quinzaine de jours qu'il a l'impression de perdre son énergie et qu'il est de plus en plus bloqué devant la masse des actions à entreprendre ou à poursuivre. Pourtant, cette direction commerciale qu'on lui a confiée, voici juste un an, l'intéresse. Et il se sent capable de réaliser ses objectifs. Travaillant dans un secteur de pointe, disposant de bons produits, il se passionne pour son activité et se sait, par ailleurs, soutenu par une excellente équipe.
Seulement voilà, bien qu'il ne doute pas du bien-fondé de ses actions ni de la nécessité de ce travail intense, il se demande, depuis quelque temps, s'il va tenir la distance. Aujourd'hui encore, en plein milieu de cette réunion régionale, une réunion très importante, il a eu un coup de pompe, s'est aperçu qu'il avait oublié plusieurs chiffres essentiels à son exposé.
De retour chez lui, son épouse le trouve un peu triste. Pourtant leur brouille récente est dissipée et l'aîné des enfants, qui redouble, a finalement trouvé une excellente école. Xavier, épuisé, décide de se coucher tôt. Il a cependant du mal à trouver le sommeil. Ferait-il une « déprime » ?

Les phrases que se répète Xavier depuis quelques semaines sont celles que, selon les enquêtes, prononcent – peu ou prou – un bon tiers des consultants en médecine générale. En fait, Xavier, après avoir pris six semaines de vacances en Bretagne, reposantes, détendues, sans mondanités, est revenu en pleine forme. Il était simplement fatigué. Cela change beaucoup de choses.

La ressemblance des plaintes d'un fatigué et d'un déprimé est grande. Ce n'est pas surprenant : si la dépression est bien autre chose que de la simple fatigue, la fatigue fait partie de la dépression. L'asthénie, la faiblesse, le manque de dynamisme, un certain ralentissement des idées, de la parole ou des gestes existent-ils chez le déprimé ? Oui. Sont-ils, à eux seuls, synonymes de dépression ? Non. Est-il nécessaire, face à ces manifestations isolées, de prescrire systématiquement un traitement antidépresseur ? Non. Mais il ne faut pas non plus, devant un patient qui se dit « fatigué » prendre son discours au pied de la lettre. Car souvent, un sujet déprimé a tendance, du fait de son ralentissement d'ensemble, de sa difficulté à exprimer ce qu'il ressent, à se contenter de dire : « Je suis fatigué ».

Il dit cela pour simplifier, mais si on l'interroge plus avant, on voit apparaître des thèmes que nous connaissons déjà et qui sont à ranger dans le cadre dépressif.

« La vie me semble vide, j'ai du mal à me débarrasser des mauvaises pensées qui me passent par la tête », « actuellement j'aime moins faire les choses qui me plaisent ou qui m'intéressent », « je me sens moins heureux que la plupart des gens ». Là, on s'oriente vers l'aspect dépressif et son traitement particulier. La fatigue, c'est autre chose. Nous pouvons les comparer grâce au tableau ci-après.

Dans les deux cas, au cours d'une consultation, une maladie organique est à rechercher. La fatigue est aussi un signe d'alarme. Une infection, des maladies endocriniennes, digestives ou sanguines, etc., entraînent une fatigue.

Nous avons vu déjà les atteintes organiques pouvant favoriser une dépression. En général, en dehors de ces causes organiques, la fatigue touche plus particulièrement les groupes socio-professionnels dynamiques, travaillant dans les grandes agglomérations. Mais chacun d'entre nous peut en être victime. Le surmenage, la mauvaise hygiène de vie, l'absence de moments de bonne récupération entretiennent la fatigue. Et il arrive que cette fatigue conduise à la dépression d'épuisement qu'on rencontre fréquemment à la cinquantaine. Attention donc : même si fatigue et dépression ne sont pas synonymes, la première peut entraîner la seconde.

Témoin, Xavier. Il s'est montré raisonnable en consultant son médecin. Ce dernier, après l'avoir examiné, après s'être entretenu

Le fatigué	**Le déprimé**
A envie de faire les choses mais se fatigue vite.	A perdu l'envie d'entreprendre quoi que ce soit et se le reproche.
Entame sa journée avec un certain entrain, mais ne tient pas la distance, ne peut achever ce qu'il a entrepris.	Est anéanti dès le réveil à la perspective de la journée qui s'annonce ; son manque d'élan vital lui fait dire : « encore une journée ».
Termine sa journée découragé, à bout.	Se sent moins mal le soir : « le meilleur moment de la journée, c'est le soir ».
Rumine volontiers ses soucis avant de s'endormir.	S'endort souvent bien, mais se réveille plus tôt qu'à l'ordinaire et connaît alors des états d'angoisse.
Est très conscient des facteurs extérieurs : trop de travail, vie inadaptée.	Perçoit souvent que son état vient de l'intérieur.
Sait qu'il doit y avoir une solution, même si elle est difficile à trouver dans l'instant.	N'a pas vraiment espoir d'en sortir.
A un futur clair, ça ira mieux demain ou après-demain, ou après les vacances.	A un futur sombre, « je ne vois pas ce qui pourrait changer ».

avec lui, l'a aidé à analyser les causes de son état : le surcroît de travail et de responsabilités et les soucis familiaux. Xavier s'est guéri en se reposant. Si, au contraire, il avait continué à tirer sur les batteries, à se remonter à coup de Scotch, à oublier ses vacances, il serait sans doute devenu dépressif.

Il nous faut donc retenir quelques idées fortes. **Il existe, entre fatigue et dépression, une contiguïté qu'il est important de connaître**. Mais selon qu'il s'agit préférentiellement de l'une ou de l'autre, les mesures à prendre et les traitements sont bien différents. **Différencier ces deux états représente une démarche diagnostique difficile**. Quand les symptômes majeurs de l'un ou l'autre état sont présents, le problème est relativement simple.

Parfois, le médecin doit étayer son diagnostic, non seulement sur les symptômes présents le jour de la consultation, mais aussi sur une étude approfondie de la personnalité du patient ; cela prend du temps.

Le recours au spécialiste, pour un avis ponctuel, peut être effectué assez tôt et même s'il n'y a pas, dans l'immédiat, notion de gravité. Le spécialiste n'intervient pas seulement pour les formes graves. Le cardiologue n'examine pas seulement des patients atteints d'infarctus du myocarde ou le gastro-entérologue, des malades souffrant de cancers digestifs...

À ce stade, une erreur de diagnostic peut être lourde de conséquences. Prescrire un anti-asthénique (antifatigue) ou un simple repos à un déprimé ne l'aidera guère. Il reviendra consulter un mois plus tard, encore plus mal ; ou pire, découragé, il se laissera emporter par sa dépression. En revanche, prescrire un antidépresseur à un fatigué est inutile et parfois nuisible. Cela risque, tout comme la prescription d'hypnotiques ou d'anxiolytiques, d'aggraver l'état du sujet fatigué.

L'anxiété n'est pas toujours une maladie

Les fatigués ne sont pas les seuls à se croire abusivement déprimés. Les anxieux font souvent la même erreur. Annie et Caroline n'ont pas manqué de la faire.

« Ah, ma chère ! vous n'imaginez pas comme je suis déprimée », dit Annie, trente-sept ans, grande, belle, bronzée. Au milieu d'un flot de paroles, elle expose son conflit à l'agence de publicité où elle travaille : son fils de dix-sept ans qui refuse de poursuivre le lycée et fume des joints, sa rupture sentimentale... « Je n'arrive plus à m'endormir avant deux heures du matin, j'ai un crabe qui me serre le plexus sans arrêt... » Elle ne peut plus prendre le métro, les ascenseurs.

D'ailleurs elle n'a jamais aimé cela.

Malgré tout, elle travaille beaucoup, s'étonne de sa créativité : heureusement, elle est volontaire.

Et puis, il y a le Lexomil®. « Heureusement, conclut-elle, je vais avoir de super-vacances aux Bahamas dans un mois... »

Annie se croit dépressive. Elle est tout au plus anxieuse, ou angoissée, ce qui est presque pareil.

Anxieuse, mais pas malade. Caroline a vingt-sept ans. Elle est journaliste, et travaille dans un grand hebdomadaire où elle est reporter. Elle vient nous voir parce qu'elle pense que « quelque chose ne va pas ». En effet, Caroline, depuis quelque temps, a de plus en plus peur. Elle avoue qu'au journal, elle retarde au maximum le moment de faire son apparition, espérant qu'à son arrivée il n'y aura plus de reportage pour elle. Elle redoute les interviews, et à tout moment elle serait prête à se faire remplacer. Elle a le trac. Dès qu'elle sait qu'elle doit partir en reportage, son estomac se noue, elle ne peut plus rien avaler. La nuit qui précède le reportage, elle ne dort pas, celle qui lui succède non plus. Elle pense à l'article qu'il va falloir écrire, et l'angoisse surgit. Elle a peur de ne pas « assurer », de ne pas être « bonne ». Il lui arrive même de songer à se blesser pour avoir un bon prétexte à fournir à son rédacteur en chef. Mais elle ne l'a jamais fait. Sur le coup de trois heures du matin, la crise de panique passée, elle se met à écrire et ses papiers arrivent toujours à l'heure sur le bureau du patron. Et ses papiers sont toujours bons !

Elle se demande quand même si c'est normal d'être comme ça. Elle reconnaît qu'elle l'a toujours été plus ou moins, mais elle craint qu'à force de tirer sur la corde, un jour ça casse… Elle dit aussi que c'est épuisant d'avoir à lutter contre soi-même. Qu'elle voudrait être plus détendue, plus « relax ». Mais qu'elle n'ose pas prendre de médicaments de peur que ça ne lui brouille les idées, qu'elle n'ait plus la tête claire pour travailler. Or son métier, c'est sa vie.

Elle parlera longuement et avec une lueur d'excitation dans le regard de l'interview en exclusivité qu'elle vient de « décrocher ». C'est un « scoop », ça fera sans doute la Une du journal, mais elle sait déjà qu'au moment d'y aller, elle sera morte de peur… comme chaque fois, comme toujours.

Caroline a le trac. **C'est une angoissée, c'est une phobique, ce n'est pas une déprimée**. Son angoisse, par ailleurs difficile à supporter, l'aide quelque peu à écrire de « bons papiers ».

Si l'angoisse devenait trop importante, au point d'être un réel handicap dans sa vie, il lui faudrait consulter. Nous voyons bien, au cours de ces deux histoires, que ni Annie, ni Caroline ne sont déprimées. Pourtant, il est vrai que le langage commun ne fait guère de différence entre dépression et angoisse. Il a tort. Il est

L'angoissé	Le déprimé
Se sait malade, visite volontiers les médecins, a tendance à abuser des médicaments.	Ignore souvent son trouble, hésite à consulter et a du mal à croire aux diverses thérapeutiques.
Veut être compris ; il s'excusera d'insister, mais prendra beaucoup de temps pour décrire son état.	A renoncé à communiquer, s'excuse volontiers de vous prendre un temps qu'il pense ne pas mériter.
S'exprime ; il dispose généralement d'une multitude de mots, d'images, de gestes, pour expliquer ce qu'il vit.	Son expression est pauvre, ses mots rares ; il faut lui extraire les réponses ; il ne peut faire partager son expérience dépressive.
Combat volontiers son angoisse par un excès d'activités.	Ne cherche même plus à lutter.
A très peur de la mort. Il la fuit, veut la fuir à tout prix.	Lorsque son état est grave, vit un désir de mort qui le soulagerait de sa souffrance.
Ressent l'environnement comme incertain.	Ne se soucie plus ou à peine de ce qui l'entoure.
Dès sa crise aiguë passée, retrouve sa joie de vivre, sa bonne humeur.	Est figé de façon durable dans sa souffrance dépressive.
Espère en son avenir, un avenir plein de projets ; il redoute seulement la venue de nouvelles crises d'angoisse.	Ne peut plus se projeter dans le futur qui, de toute façon, est totalement gris.
Est très vite sensible à l'effet « calmant » de la consultation.	Est très difficile à rassurer, à convaincre qu'il y a quelque chose à faire.
Est largement soulagé, à court terme, par les tranquillisants.	N'est pas ou très peu amélioré par des tranquillisants prescrits seuls.
Dort mieux grâce aux hypnotiques.	Continue de se réveiller à quatre ou cinq heures du matin, malgré le somnifère.

vrai que le déprimé, en plus de sa dépression, souffre d'angoisse. Il connaît bien, comme l'anxieux, l'état de tension interne, de malaise indéfinissable, de crainte d'un danger imminent. Parfois, intimement mêlées à sa dépression, il a des crises d'angoisse, sorte de cataclysmes où il a l'impression de perdre le contrôle de lui-même, de devenir fou. Il pense mourir dans l'instant. Ces crises d'angoisse s'accompagnent de serrements de gorge et de poitrine, de palpitations, d'assèchement de la bouche, de tension musculaire.

L'angoissé et le déprimé ont donc des sensations communes. Simplement, le contexte dans lequel surviennent les manifestations d'angoisse, la façon de lutter contre elles, la manière de s'en plaindre et de les vivre diffèrent. Le tableau page précédente en montre quelques exemples.

De plus, il faut savoir que les manifestations somatiques, c'est-à-dire du corps, sont extrêmement nombreuses chez l'anxieux. Elles atteignent souvent l'appareil cardio-respiratoire et se marquent par des douleurs au niveau du cœur, des palpitations et une difficulté à respirer. Le sujet parfois sent battre ses artères.

La tension musculaire est quasi constante, accompagnée d'une impression générale d'hyperexcitabilité. Des sensations de tremblements spontanés des muscles, des paupières sont souvent ressenties. Des crampes surviennent et, également, des sensations de picotements, de froid aux extrémités.

Cette tension n'existe pas seulement dans le corps. Elle se fait sentir dans l'esprit. Elle peut entraîner, si elle est trop intense, une sensation de blocage intellectuel, d'impossibilité à penser, à se souvenir. Mais, une fois la crise passée, le fonctionnement normal réapparaît (ce qui n'est pas le cas pour le déprimé). Des troubles digestifs sont également très fréquents : douleurs de l'estomac, nausées, sensations de ballonnement et de spasmes coliques.

Dépression, asthénie ou anxiété ?

Ces trois mots caractérisent donc des aspects différents de notre climat psychologique. Mais, bien que différents, ils ne s'excluent pas. Ils sont, au contraire, souvent associés.

Bien sûr, quelques idées tristes, un peu de fatigue, des moments d'inquiétude ne sont pas préoccupants. Ils font plus ou moins partie de la vie normale. Ce qui inquiète, c'est lorsque les éléments s'accumulent, s'installent, gênent véritablement l'harmonie et le plaisir à vivre. Passé un certain seuil, on ne peut plus considérer les choses comme normales.

L'auto-diagnostic n'est jamais suffisant : nous avons vu déjà comment un sujet allant mal a tendance à dramatiser ou, au contraire, à banaliser son état.

Mais, lorsqu'on est inquiet, mieux vaut consulter.

L'anxiété, la dépression et l'asthénie sont si souvent confondues dans la vie courante qu'il nous semble utile de présenter un instrument conçu par les Pr Pichot et Boyer, destiné justement à repérer séparément les intensités de ces trois éléments.

La symptomatologie est-elle plutôt anxieuse ? Plutôt dépressive ? Ou plutôt asthénique ? L'auto-questionnaire A.D.A. (abréviation de anxiété, dépression, asthénie) permet de répondre à ce type de questions.

Ce questionnaire, à condition de bien suivre les instructions d'utilisation, peut aider à repérer si les difficultés actuelles ne sont pas plus liées à un surmenage et à une fatigue, ou à une recrudescence anxieuse, ou encore à un état dépressif.

QUESTIONNAIRE A.D.A. : Asthénie, Dépression, Anxiété*

INSTRUCTIONS

(À lire très attentivement avant de remplir le questionnaire.)

Voici une liste de propositions qui décrivent une série de symptômes. Afin de mieux connaître votre état, nous vous demandons d'y répondre. Pour chacune de ces propositions, si vous estimez pouvoir, en ce moment, compte tenu de **votre état des sept derniers jours,** prononcer la phrase correspondante, vous

* P Pichot, P Boyer, JP Brun. Questionnaire bref d'auto-évaluation des dimensions dépressive, asthénique et anxieuse. Annales médico-psychologiques, 1984, *142* : 862-865.

marquez une croix à « oui ». Suivant que le symptôme a une intensité : très importante, importante, moyenne ou relativement légère, vous mettez la croix à « oui, extrêmement », « oui, beaucoup », « oui, moyennement » ou « oui, un peu ».

Si vous estimez qu'en ce moment vous ne pouvez pas prononcer la phrase qui constitue **la** proposition, vous mettez une croix à « non ».

Répondez à toutes les questions sans exception. Ne passez pas trop de temps à répondre, c'est votre première impression qui est importante.

AU COURS DE LA DERNIÈRE SEMAINE...

	Non	**Oui, un peu**	**Oui, moyennement**	**Oui, beaucoup**	**Oui, extrêmement**
1. Je ne m'intéresse à rien					
2. Je me sens sans énergie					
3. Je suis obligé(e) d'éviter certaines choses, certains endroits car ils m'effrayent					
4. Je me sens si énervé(e) que je ne peux rester assis(e)					
5. Tout me demande des efforts					
6. J'ai quelquefois des idées de mort					
7. J'ai des sensations de faiblesse dans certaines parties de mon corps					
8. Je suis pris(e) de peur dans les espaces découverts ou dans les rues					

	Non	Oui, un peu	Oui, moyennement	Oui, beaucoup	Oui, extrêmement
9. Je me sens nerveux(se) et je sens comme un tremblement intérieur					
10. J'ai l'impression de pesanteur dans les bras ou les jambes					
11. Je suis découragé(e)					
12. Je me fais des reproches					
13. Je me sens fatigué(e) sans raison					
14. J'ai des tremblements					
15. J'ai des difficultés d'attention, de concentration pour lire					
16. Je me sens bon(ne) à rien, inutile					
17. Je n'arrive plus à me décider, à agir					
18. Je me sens las(se), courbatu(e), les membres lourds					
19. J'ai l'impression que mon cœur bat très fort ou qu'il s'emballe					
20. J'ai l'impression d'être tendu(e)					
21. J'ai l'impression que l'avenir est sans espoir					
22. Je suis soudainement effrayé(e) sans raison					
23. Je suis triste, je ne vois pas d'issue					
24. J'ai envie de m'allonger, de me reposer					

RÉSULTATS

Attribuer à chaque croix, pour chaque ligne, une valeur de 0, 1, 2, 3, 4 selon qu'elle figure dans une case « non » = 0, « oui, un peu » = 1, « oui, moyennement » = 2, « oui, beaucoup » = 3, « oui, extrêmement » = 4.

Le total A-1 (asthénie) est calculé en faisant la somme des notes obtenues pour les lignes : 2-5-7-10-13-15-18-24.

Le total D (dépression) est calculé en faisant la somme des notes obtenues pour les lignes : 1-6-11-12-16-17-21-23.

Le total A-2 (anxiété) est calculé en faisant la somme des notes obtenues pour les lignes : 3-4-8-9-14-19-20-22.

Les trois chiffres obtenus sont répartis sur le diagramme ci-contre et figurent ainsi une représentation simplifiée de vos niveaux respectifs d'asthénie, de dépression et d'anxiété (correspondant à la période d'une semaine qui a précédé la réponse à ce questionnaire).

Ce questionnaire simple mais précis ne doit pas être utilisé pour un auto-diagnostic. Son but est d'orienter plus que d'affirmer. Il figure dans ce livre, car il peut contribuer, par sa simplicité, à éclairer les confusions trop fréquentes entre des états qui se ressemblent parfois, et qui sont cependant différents. Nous espérons maintenant que pour chacun d'entre vous cela est un peu plus clair.

Diagramme A.D.A.

A-1 : Asthénie	**D** : Dépression	**A-2** : Anxiété
32	32	32
31	31	31
30	30	30
29	29	29
28	28	28
27	27	27
26	26	26
25	25	25
24	24	24
23	23	23
22	22	22
21	21	21
20	20	20
19	19	19
18	18	18
17	17	17
16	16	16
15	15	15
14	14	14
13	13	13
12	12	12
11	11	11
10	10	10
9	9	9
8	8	8
7	7	7
6	6	6
5	5	5
4	4	4
3	3	3
2	2	2
1	1	1

12 cela se soigne et on en sort

D'histoires en idées reçues, d'insomnies en désespoirs, nous venons, au fil des pages, de traverser le territoire de la dépression. Nous avons rencontré des déprimés de tous âges et de toutes conditions. Certains, gravement malades, ont dû être hospitalisés pour être soignés. D'autres ont pu s'en sortir au prix de traitements longs et sérieux, médicamenteux et psychologiques. Le territoire de la dépression est une bien triste contrée. On y souffre toujours, on y meurt parfois. Qui l'a visitée ne l'oublie jamais et clame qu'il faut si possible l'éviter ou, si l'on y est déjà, s'en sortir au plus vite. Pour en sortir, il faut d'abord savoir – et ce n'est pas toujours évident – que l'on y est. Bon nombre de nos déprimés de rencontre l'ignoraient ou refusaient de le croire. Il faut ensuite ne s'y être pas trop profondément enfoncé, car alors l'idée ne vient même plus d'en sortir. À ce stade, il n'y a plus que l'entourage qui puisse agir. Et il n'existe, hélas, pour le diagnostic, aucun portrait robot du déprimé. Alors on confond souvent dépression avec ses voisins : tristesse, fatigue, anxiété. Non, la dépression c'est autre chose et c'est plus sérieux. Par chance, il faut le redire, on en sort ; pas seul, pas par sa seule volonté, ni par persévérance, mais par des traitements spécifiques. Beaucoup de médecins bien formés savent, dans le dédale des symptômes trompeurs, trouver pour leurs malades un chemin de sortie.

Consulter vite !

Les déprimés consultent souvent très tard, après le début de leurs troubles, et parfois trop tard. D'abord parce qu'ils comprennent mal ce qui leur arrive. Ensuite parce que la dépression a mauvaise presse, qu'elle s'accompagne de nombreuses idées reçues et qu'elle génère bien des réticences.

Les circonstances dans lesquelles le déprimé va consulter sont très nombreuses. Elles ont une signification. Le motif de la consultation peut être l'apparition de fatigue, de douleurs abdominales, de maux de tête. C'est au médecin de faire alors découvrir à son patient qu'il souffre d'une dépression.

Dans d'autres cas, le malade se demande s'il ne serait pas déprimé, ou bien il se sait déprimé et consulte spontanément.

Parfois, il vient sous la pression de l'entourage, lui-même n'ayant pas véritablement conscience de son état ou ne trouvant pas de raison suffisante à consulter.

Il est une circonstance de consultation assez particulière au déprimé : pendant des mois, il consulte toutes sortes de spécialistes de la médecine, espérant trouver une cause objective à sa maladie. Devant l'inefficacité des différentes tentatives thérapeutiques et devant l'aggravation de son état, il se résout enfin à aller voir un psychiatre. D'autres fois, c'est après de nombreux bilans que le médecin de famille demande au spécialiste de voir si, effectivement, son patient ne ferait pas une dépression.

Enfin, il n'est pas rare d'avoir à entrer en contact avec un déprimé à la suite d'une tentative de suicide.

Dans tous les cas, ou presque, on constate qu'il est encore difficile de consulter un psychiatre. En fait, ce n'est pas tant le psychiatre qui fait peur que la dépression et les maladies mentales en général. Et on camoufle cette peur en escamotant le mot « psychiatre ».

Cette prévention est telle que certains médecins, eux-mêmes, hésitent à consulter : Jacques, notre confrère gynécologue, est un exemple parlant... à ne pas suivre.

Les premiers symptômes de sa dépression sont apparus il y a un an. C'est sa femme qui nous a raconté : « Il est devenu de plus en plus nerveux, de plus en plus irritable. Et puis il se levait de plus en plus tôt pour opérer : à cinq heures, vraiment, ce n'était pas dans ses habitudes. Il s'est mis à ne plus rien manger. Il ne parlait même plus de la vie de la clinique. Au bout d'un moment, je me suis demandée s'il ne faisait pas une dépression. Je lui en ai même parlé. Il m'a envoyée balader, presque méchamment. Je l'ai vu s'enfoncer de mois en mois, et je ne pouvais rien faire. Vous savez, docteur, s'il n'avait pas accepté aujourd'hui de monter à Paris vous voir, c'est moi qui serait venue seule, car je n'en peux plus de le voir comme ça, refuser toute aide. » Et s'il a accepté de venir, c'est vraiment parce que sa femme a fait tout ce qu'il fallait pour cela. Jour après jour, malgré ses refus, elle lui a soufflé le mot « dépression ». Sceptique vis-à-vis de la psychiatrie, il s'est progressivement enfoncé dans son état dépressif et renforcé dans ses convictions que toute consultation était inutile.

Mais elle n'a pas baissé les bras. Elle a tant et tant insisté qu'il a fini par accepter, mais de mauvais gré, de nous consulter. Au cours de cette consultation, d'ailleurs, il n'y a qu'elle qui ait parlé. Lui était si mal, tellement inhibé, tellement au fond du trou qu'il n'espérait plus rien et n'avait guère envie de participer à une démarche qu'il jugeait inutile.

Devant la gravité de son état et le danger permanent de suicide, nous lui avons dit : « Il faut immédiatement entrer en clinique ». Il a d'abord dit non. Et puis il a fini par accepter. Plus par passivité que par espoir, d'ailleurs. Et aussi parce que cela faisait des mois qu'il ne pouvait plus opérer.

Alors nous lui avons expliqué, comme à tous nos malades, ce qui allait se passer : « Si tout se déroule au mieux, votre hospitalisation durera trois ou quatre semaines. Vous serez moins tendu, vous dormirez mieux après sept ou huit perfusions d'antidépresseurs. Vous ressentirez une amélioration franche au bout de douze à quinze jours. Par la suite, on arrêtera les perfusions, on ajustera le traitement que vous prendrez alors en comprimés ». Jacques, évidemment, n'y a pas cru. Mais il a tout de même accepté de rentrer en clinique le 15 janvier. Le 22 février, il était aux sports d'hiver. En pleine forme.

Bronzé, éclatant de santé, il est revenu nous voir et a fait son autocritique : « Eh bien je n'imaginais pas qu'en psychiatrie vous aviez des protocoles thérapeutiques aussi rigoureux que dans les autres spécialités médicales ».

Il a encore fallu poursuivre le traitement médicamenteux pendant plusieurs mois. Parallèlement, un travail psychologique a été entrepris pour le retour du patient à la vie normale et au travail. La psychothérapie a tenu compte de l'histoire personnelle de Jacques, tout comme des circonstances particulières qu'il avait pu rencontrer et qui ont, peut-être, été à l'origine de sa dépression.

Happy end pour Jacques, mais qui fait réfléchir : que de temps perdu à cause d'idées erronées ! Voyez comment ce confrère a pu gâcher plusieurs mois de sa vie, beaucoup souffrir parce qu'il partageait initialement cette idée un peu vague que la psychiatrie est une affaire fumeuse, la dépression une fausse maladie et les

psychiatres des artistes de l'à-peu-près. Il sait maintenant que l'état dépressif, ça existe. Et que ça se soigne en fonction de schémas thérapeutiques raisonnés, adaptés à chaque cas.

Ils sont nombreux, comme Jacques, à dire après l'avoir vécu : « La dépression, je n'y croyais pas ». Il y a dans cette formule un certain repentir vis-à-vis des idées reçues qu'ils ont contribué à véhiculer dans le passé.

Il est vrai qu'en général on comprend un état aigu de désespoir, mais on ne comprend pas qu'une telle situation puisse être durable. On ignore en effet qu'un état dépressif, une fois installé, évolue pour son propre compte, indépendamment du contexte.

Chacun, à partir de sa propre expérience du cafard ou de la tristesse, a une idée de ce qu'est l'humeur triste. Mais il ne peut, à partir de cette expérience, imaginer ce qu'est le fait d'être déprimé. Entre le coup de cafard et la dépression nerveuse, il y a une distance infinie, un changement de nature qu'il faut savoir absolument reconnaître. Cela n'est pas toujours facile ; consultez le plus tôt possible un médecin compétent. Tous ne le sont pas pour ce domaine particulier qu'est la dépression nerveuse. Témoin, l'histoire de Geneviève, trente-trois ans, qui disait pourtant : « Ça fait deux ans que je me soigne. »

Ses malheurs ont en effet commencé, il y a deux ans, quand elle a obtenu la confirmation que son ami ne divorcerait jamais pour l'épouser, contrairement à ce qu'il lui promettait depuis plusieurs années. Le coup a été dur. Elle n'avait plus envie de rien, n'arrivait pas à dormir, avait perdu l'appétit. N'arrivant même plus à faire correctement son travail, elle est allée voir un premier médecin qui l'a écoutée, mais est resté ambigu dans son diagnostic. Il lui a parlé d'une réaction forte, mais normale, à une rupture sentimentale. Il a conclu rapidement : « Je vais vous donner un petit traitement ».

Geneviève est sortie du cabinet sceptique. Elle qui se méfie des médicaments allait quand même prendre ceux-là puisqu'elle n'était pas bien. Simplement, elle s'est contentée de diviser les doses par deux. Les produits n'ont fait aucun effet, elle a fini par y renoncer.

Quelque temps plus tard, son état s'aggravant, elle a décidé d'aller voir un autre médecin. Alarmé par le désarroi de Geneviève, celui-ci lui a prescrit un nouveau traitement. Il s'agissait d'un traitement antidépresseur très lourd pour cette jeune femme frêle, pesant quarante-huit kilos.

Pourtant, elle s'est sentie mieux au début ; elle était « un peu abrutie », mais beaucoup moins angoissée.

N'était-ce pas le prix à payer ? De plus, elle dormait mieux la nuit. Il faut continuer, lui dit le médecin, passant outre la somnolence, la fatigue…

Mais quand Geneviève a constaté qu'elle avait pris plusieurs kilos, elle a tout arrêté.

Bientôt, elle s'est retrouvée à nouveau en larmes, insomniaque et anxieuse.

Elle a alors consulté un homéopathe, qui centrait son action sur « le terrain », le calcium et le magnésium. Les petites pilules étaient jolies et d'allure aussi inoffensive que bienveillante. Mais, là encore, elle a fini par abandonner ce qui l'avait initialement séduite, faute de se sentir mieux…

Elle a alors renoncé à la médecine, et a cherché aide auprès de naturopathes, iridologues et autres mages.

« Je n'ose même pas vous dire le genre de charlatans que j'ai consultés, nous dit-elle, ça fait deux ans que je me soigne et je ne vais toujours pas mieux. »

Geneviève croit effectivement s'être soignée depuis deux ans, ce qui, évidemment, est faux.

La triste aventure de Geneviève est malheureusement fréquente et contribue à entretenir l'idée que de la dépression, « on n'en sort pas ».

Les responsabilités sont nombreuses dans cette histoire. Le premier médecin n'a pas su voir la dépression de Geneviève ; pour lui, il s'agissait d'un banal chagrin d'amour. Vivre un chagrin d'amour n'est pas pathologique, mais, quelquefois, cela peut conduire à une dépression. S'il avait un doute, ce qui peut se concevoir, ce médecin ne devait pas prescrire de placebo. Il devait faire part de ce doute à la patiente, ne rien lui prescrire, et la revoir un peu plus tard pour suivre l'évolution, refaire un nouveau point.

Le deuxième médecin a vu juste, mais n'a pas su adapter le traitement. Geneviève était sur le point de s'en sortir, mais les effets indésirables du traitement sont devenus trop importants (notamment la prise de poids). Le médecin pouvait sans difficulté corriger cela et ne pas donner à penser que la guérison de la dépression passait obligatoirement par une prise de poids de dix kilos…

Les autres consultations n'ont plus rien de médical. C'est le recours désemparé à l'irrationnel, à l'ésotérisme et, malheureusement, au charlatanisme.

Geneviève a sa part de responsabilité. Elle a cédé aux habitudes fréquentes qui consistent à ne prendre qu'une partie du traitement prescrit, à changer trop souvent de médecin. Ainsi donc Geneviève ne se soigne pas depuis deux ans. Elle est la victime d'une mauvaise information, de médecins qui n'ont pas soigné une malade mais une maladie, et cela sans tenir suffisamment compte des particularités et des exigences de Geneviève.

Cette observation montre les aléas possibles autour d'un diagnostic mal fait, d'un traitement mal suivi. C'est un exemple à ne pas suivre, car la dépression, rappelons-le, ça se soigne, et on en sort.

13 des chiffres et un être

Les citoyens du XXIe siècle sont encore plus que leurs prédécesseurs concernés par les chiffres. Être concerné ne signifie pas être soumis, encore moins manipulé. Le domaine de la dépression n'échappe pas à cette pression des pourcentages.

En choisissant quelques exemples comprenons ensemble :

– l'intérêt d'une lecture critique des données épidémiologiques ;

– la nécessité, au-delà des chiffres, d'entrer dans les détails qui sous-tendent leur réalité ;

– les risques que feraient courir à chaque patient l'utilisation hâtive de conclusions issues d'indications valables à large échelle.

Empruntons à la traumatologie un exemple.

Il est possible de prédire avant un grand week-end, ou de constater ensuite ce qui est déjà différent, que 318 automobilistes vont mourir ou sont morts. On peut, par rigueur s'interroger sur la valeur absolue des nombres – ceux qui vont mourir dans les jours ou semaines qui suivent sont-ils moins morts que les autres ? Hélas non. Pourquoi ne pas les compter ? Le chiffre fourni est donc faux ? Non, c'est l'effet d'une certaine méthode de recueil des données, d'une convention établie et d'un mode de communication choisi.

Plus important pour notre propos est le constat suivant : tous ceux qui vont prendre le volant ne seront pas de façon homogène concernés par le risque annoncé.

Avoir une mauvaise vision diurne ou nocturne, n'avoir pas assez dormi, ne pas faire de pauses, ne pas respecter le code de la route, boire de l'alcool, utiliser des drogues, conduire une voiture en mauvais état ou aux pneus usagés sont des facteurs cumulatifs de risque sur lesquels il est possible d'agir. Être âgé ou cardiaque ou épileptique nécessite des précautions de conduite. Mais au total celui qui, n'ayant pris aucun risque, mourra parce qu'en face un chauffard l'a percuté, sera pris en compte dans le même sinistre total.

En médecine, la mondialisation dont il est aujourd'hui beaucoup question est en marche depuis des décennies.

Des classifications internationales de maladies existent, depuis fort longtemps. Pour éviter mille et une définitions de la dépression, d'une récidive, de la chronicité, pour éviter de transformer la psychiatrie internationale en tour de Babel, il a fallu définir des critères correspondant à des entités cliniques. Ce travail de classification permet d'isoler des éléments comparables d'un pays à l'autre et, même, d'une culture à l'autre. Les nouveaux médicaments psychotropes sont évalués dans des études comparatives multicentriques incluant des patients des cinq continents. C'est une réalité, bonne ou mauvaise, il faut faire avec. Il est possible de pervertir le système, de le détourner dans une préoccupation purement commerciale, de s'en servir dans une perspective de santé publique ou de modèle médico-économique.

Il est possible d'aider chacun de nos patients à en faire un bon usage et à mieux appréhender son propre devenir.

« Est-il vrai, Docteur, que j'ai 50 % de chances de rechuter dans les deux ans ? »

Oui, il y a 50 % de récurrences dépressives dans les deux ans qui suivent un premier épisode dépressif. C'est ce que nous rapportent les enquêtes épidémiologiques effectuées à partir de critères diagnostiques ne pouvant être nuancés ou pondérés.

Ces 50 % englobent toutes sortes de dépressions : la dépression brève (quelques jours) d'intensité variable et volontiers récurrente, l'épisode inaugural d'une maladie bipolaire, la dépression réactionnelle à un événement traumatisant, la dépression en rapport avec des difficultés de personnalité ; pour chaque catégorie, il existe des degrés variés de gravité et des potentialités évolutives différentes.

C'est dire que l'information doit être revue au travers du cas de chacun.

La dépression, maladie spontanément réversible, est une donnée indiscutable mais sans intérêt pour vous puisque la souffrance et le handicap qui étaient vôtre nous ont conduit à mettre en place un traitement. Qu'elle soit curable dans 50 à 90 % des cas selon les méthodes employées vous concerne.

Comment s'y retrouver ? Ces chiffres sont publiés dans la presse ; ils émanent d'organismes généralement reconnus et ils sont reçus par des gens volontiers très inquiets de leur avenir.

Votre inquiétude est légitime mais vous sentez bien que les chiffres impliquant une population très hétérogène ne vous concernent que « relativement ». En effet, c'est seulement à partir de l'analyse de votre cas personnel que l'on pourra avoir une idée pronostique.

Voici deux cas bien différents.

• C'est votre premier épisode, traité tôt, avec un bon effet des médicaments, un bon travail psychologique qui a illustré comment la dépression s'est installée et qui manifestement vous a rendu plus fort pour le futur. D'un commun accord, on peut envisager l'arrêt du traitement.

• C'est votre premier épisode qui a été diagnostiqué tardivement sous prétexte que « vous avez tout pour être heureux », le traitement médicamenteux a nécessité de nombreux ajustements. Vous allez bien, mais on sait que votre grand-père maternel s'est suicidé à soixante-sept ans et que votre mère a été traitée pour une dépression et pour des états d'excitation. Le pronostic est plus aléatoire et les enquêtes révèlent que vous avez 10 à 15 chances sur 100 de devenir bipolaire (alternance d'épisodes dépressifs et d'épisodes d'excitation maniaque).

Certains chiffres, assénés de façon brutale et plus ou moins honnête, sont critiquables et sont d'un intérêt relatif rapporté à un cas. Mais, même imparfaits, ils font partie des connaissances nécessaires au médecin pour vous aider au mieux dans la conduite à tenir.

Nous sommes tous uniques et nous devons être traités comme tel.

La durée et les modalités de votre traitement seront fixées à deux (le patient et le médecin) à partir d'un grand nombre de conditions variées, variables et personnelles :

– la confiance qui est la vôtre ;

– l'importance de l'épisode dépressif traversé ;

– la qualité de vos défenses psychologiques et leur évolution ;

– les conditions familiales et sociales qui sont les vôtres ;

– votre bonne compréhension de la maladie et des moyens dont nous disposons pour la combattre ;

– la qualité réelle de la guérison.

Par ailleurs, la durée du traitement est souvent calquée sur la durée d'évolution spontanée de la maladie (environ 8 mois).

De plus, les enquêtes manquent de nuance, il est impossible de savoir si la récidive peut-être grave (comme le premier épisode) ou limitée à quelques symptômes, assez faciles à traiter, ce qui évitera qu'elle ne se développe.

Au total la maladie dépressive est récidivante, surtout dans les premiers temps. Après guérison clinique, le risque de récidive est bien inférieur à une chance sur deux, en cas de doute on poursuit le traitement antidépresseur.

« On m'a dit que 20 % des dépressions devenaient chroniques »

Voici un exemple de malentendu ou de mal dit.

Lorsqu'un déprimé à peur de devenir « chronique », c'est une maladie à vie qu'il craint, comme le diabète ou l'insuffisance respiratoire. La réassurance qu'il nous demande porte sur le risque de survenue de nouveaux épisodes, nous sommes ramenés à la question traitée précédemment.

Quand un méthodologiste parle d'évolution chronique, c'est de l'évolution d'un épisode index dont il se préoccupe. Un chiffre de 24 mois d'évolution a été fixé. Pourquoi 24 et pas 18 ou 28 ? Parce qu'il convient de fixer une limite, si l'on veut travailler par une méthode de cohorte (cette limite a été fixée à deux ans).

Pour l'épidémiologiste, le patient qui, deux ans après le début d'un épisode dépressif, continue d'être gêné par un mauvais sommeil et une irritabilité, est un patient chronicisé.

Pour le médecin, ce même patient est guéri de sa dépression mais a retrouvé après le traitement de celle-ci, des traits de personnalité et les insomnies qui caractérisaient son état avant la maladie. Quelquefois, ces symptômes n'existaient pas avant et sont des séquelles de la dépression.

Ceci noté, il est probablement exact qu'après un ou plusieurs épisodes dépressifs, **10 à 20 % des sujets conservent un nombre plus ou moins important de symptômes résiduels**. Mais plusieurs précisions s'imposent.

Pour les épidémiologistes, une rémission n'est considérée complète que si, à l'issu d'un épisode de maladie, le sujet est devenu (pas redevenu) asymptomatique. L'était-il auparavant ? Ne souffrait-il pas déjà de quelques signes d'anxiété, d'une insomnie qui était d'endormissement et non pas du matin, d'une simple fatigue ? Sa situation d'avant la dépression était-elle idyllique ? Pas toujours.

Nous savons que la personnalité avant la maladie (le score névrotique pour certains), constitue un facteur prédictif majeur de passage à la chronicité. L'autre facteur serait lié aux délais longs écoulés entre le début de la dépression et le début du traitement. Bien évidemment, les conditions de vie et d'environnement pèsent de façon très importante.

Ainsi, à cette même question nous répondrons à l'un : « ces 20 % sont exacts, mais ne vous concernent pas vraiment. Vous alliez bien avant cette dépression, vous êtes venu me voir rapidement, et vous êtes en train de réagir au traitement que je prescris à bonnes doses. ». À l'autre nous dirons : « ces 20 % sont exacts et il nous faut les prendre très au sérieux. Votre personnalité est complexe et vous crée des problèmes depuis longtemps, vous avez un peu tardé à prendre au sérieux cette dépression et votre environnement est franchement difficile actuellement. Nous allons tout mettre en œuvre pour vous empêcher d'entrer dans ces 20 % ».

« Hier soir, en regardant la télévision, j'ai entendu dans une émission sur la dépression, qu'il y avait 30 % de dépressions résistantes. C'est mon cas bien sûr... »

Le terme de résistance au traitement est entouré d'un flou considérable. Des déprimés ne guérissent pas :

– par mauvaise observance (un malade sur deux ne prend pas régulièrement le traitement) ;

– parce que la posologie prescrite est insuffisante (une gélule matin ou soir d'un antidépresseur n'est pas une panacée : il faut revoir la posologie au cours du temps surtout si l'état ne s'améliore pas vraiment) ;

– parce qu'on a changé trop souvent l'antidépresseur, ne laissant pas à ce dernier la possibilité de développer ses potentialités thérapeutiques : un antidépresseur, pour être considéré comme inefficace, doit avoir été pris à doses suffisantes (grandes variations d'un patient à l'autre), sur une durée suffisante (au moins un mois) ;

– parce que l'ensemble des moyens de traitement disponibles n'a pas été utilisé pour un patient donné, selon une séquence logique strictement adaptée à sa situation. Les antidépresseurs ne font pas tout : un arrêt de travail de quelques semaines, la coupure d'avec le milieu ambiant, l'hospitalisation parfois, les approches psychothérapiques diverses complètent l'action biologique des psychotropes.

Résister deux mois à un premier traitement n'est pas synonyme de dépression résistante.

Claudine qui nous pose cette question n'est en traitement que depuis six semaines, nous avons augmenté la posologie de l'antidépresseur il y a quinze jours et elle dit aujourd'hui ne pas aller vraiment mieux. Penser depuis hier soir qu'elle entre dans la catégorie des déprimés résistants ne constitue évidement pas une aide psychologique chez cette femme qui, étant déprimée, a déjà tendance à tout péjorer. C'est peut-être la raison qui lui a fait mal comprendre ce que l'émission disait.

On voit combien cette annonce de 30 % mal utilisée est « toxique ».

À hypertrophier l'effet magique des antidépresseurs, certains en sont venus à penser que tout bon médecin devait sortir d'affaire son déprimé en quelques semaines. Il n'en est rien.

Ici encore, l'information de Claudine, un commentaire général sur le concept de dépression résistante, et l'adaptation à son cas vont constituer une pièce majeure du dispositif de traitement. À la patiente nous expliquons que cette résistance primaire ne nous décourage pas, que nous allons changer de classe d'antidépresseurs et que si cela s'avérait insuffisant, nous utiliserions des stratégies de potentialisation du traitement (en associant des antidépresseurs entre eux, des hormones thyroïdiennes, du lithium etc.).

Il est faux de dire que 30 % des déprimés résistent au traitement. Dans les essais, il ressort qu'un antidépresseur est efficace sur environ 70 % des sujets traités, mais ce pourcentage d'échecs (30 %) diminue de façon très importante quand on change l'antidépresseur.

La prise en charge d'un déprimé articule dans le temps l'usage de molécules différentes, se dote de techniques additives : psychothérapie de soutien apportée par celui qui traite, mais aussi conseils cognitifs, analyse psychodynamique des situations, conseils d'adaptation sociale, etc.

Le suicide : chiffres et réalité

Les chiffres réalisent un des « marronniers » préférés de la presse. Quel bon moyen de réveiller les repus satisfaits ! Quel bon moyen de stigmatiser les perversités de notre société ! Quel bon moyen, enfin, d'interpeller les gouvernements qui n'ont pas su opposer une politique à cette violence retournée contre soi !

Remarquons au passage, que le nombre de morts par suicide (12 000 par an) n'a pas augmenté depuis plus de quinze ans alors qu'il y aurait « épidémie » de dépressions dans notre pays ; la prise en charge des déprimés serait-elle moins mauvaise que certains le laissent entendre ? Oui, même si elle doit continuer de s'améliorer.

Pour nous médecins, ces chiffres soulignent la gravité de cette maladie : **50 à 80 % des morts par suicide sont dus à une dépression ; le rapport tentative de suicide/suicide réussi est de 100 pour 1 pour une population jeune et de 3 sur 1 chez les personnes âgées** (chiffres fournis par l'ANAES octobre 2000). Surtout, ils nous rappellent quelques drames que chacun de nous a vécu. On ne peut s'occuper de déprimés sans être confronté à ce type d'échecs douloureux et culpabilisants.

Quant nous recevons un déprimé, nous ne sommes pas obsédé par le fait qu'il a des chances de mourir par suicide, sachant qu'il a plus de chances de mourir de nombreuses autres affections dont l'éclosion et le développement peuvent être favorisés par la dépression elle-même (moins de défenses ?). Néanmoins, la présence et l'importance des idées de mort sont recherchées à chaque entretien.

Nous diffusons à l'entourage des chiffres sur la dépression et surtout des informations sur les risques encourus par le patient. L'entourage a généralement tendance à minimiser la possibilité d'une telle éventualité pour un des leurs. Les statistiques et leur sinistre sanction peuvent les aider à évoluer sur ce point.

Dans une société qui fait du principe de précaution et de la notion de réparation un dogme, ces chiffres issus des études épidémiologiques ne deviennent-ils pas paralysants ? N'est-ce pas prendre un risque insensé de soigner un déprimé en ambulatoire, surtout s'il est âgé et qu'il a fait une tentative de suicide ? Dans cette logique, ne nous faut-il pas hospitaliser de façon prolongée tout déprimé ayant fait trois tentatives de suicide dans sa vie quelque soit son âge ?

On touche ici les limites du caractère opératoire des données statistiques.

Revenons à notre patient avec qui il faut parler de ses idées de mort, de la façon dont il faut les combattre, de l'aide que, nous, médecins pouvons lui apporter. Rendons compte à l'entourage, avec l'accord du patient, des résultats de nos évaluations du rapport bénéfice/risque d'une hospitalisation.

Le médecin, et c'est la noblesse de son métier, ne peut se retrancher derrière la force des données statistiques pour récuser un patient porteur de trop de risques potentiels de suicide. Puisse le juge comprendre la nécessité de traiter ce type de malade dans le flot de la vie, même si un expert ne manquera pas de lui opposer les chiffres de l'épidémiologie.

Nous venons, à travers trois chiffres, de découvrir le rôle déterminant de paramètres aussi différents que les antécédents familiaux, la notion de tentatives de suicide dans le passé, l'âge de début des troubles, l'existence ou non de maladies somatiques associées, le niveau social et le type d'habitat. Nous avons vu qu'il était nécessaire de relativiser les chiffres et que des conséquences très personnelles en étaient tirées pour la meilleure prise en charge individuelle des déprimés.

Ces études, portant sur des dizaines de milliers de cas, apportent beaucoup d'informations sinon elles ne seraient pas poursuivies, amplifiées, améliorées sans cesse. Les facteurs de risque qu'elles mettent en évidence sont des balises ou des phares qui nous confirment la réalité des écueils à éviter.

Ainsi, des épidémiologistes anglais ont mis en évidence que dans une banlieue sud de Londres, être une femme de race noire, divorcée ou célibataire, chargée de plusieurs enfants, sans travail, faisait courir un risque considérable de dépression et de dépression chronique. Il est évident qu'en termes de politique de santé des préventions ciblées peuvent être définies, programmées et mises en place si les moyens économiques le permettent. Développer l'action sociale dans ces zones défavorisées, mettre en place des projets éducationnels, favoriser l'accès aux soins, permettre leur quasi ou leur totale gratuité constituent des axes déterminants d'action. Ce n'est pourtant qu'au cas par cas que le médecin proposera des prises en charge, décidera de maintenir quelques mois ou bien des années un traitement antidépresseur.

Au milieu de ces conditions hostiles, certaines femmes ne se dépriment jamais.

Il serait bien intéressant d'interviewer systématiquement celles qui durablement vont bien afin d'identifier les mécanismes qui les protègent, les idéaux qui les font tenir. Le rapport bénéfice/risque doit donc être évalué à plusieurs niveaux : des moyens médicaux suffisants, des approches systématiques s'appuyant par exemple sur des algorithmes simples de questions, la mise en place d'équipes médicales éducatives, l'utilisation de techniques réalistes de thérapie et l'usage rationnel des traitements antidépresseurs doivent être décidés par les instances dirigeantes en charge de la santé publique.

Chaque praticien avec chaque patient établira, en fonction du rapport bénéfice/risque individuel, un projet de prise en charge thérapeutique.

14 faisons équipe

Bien soigner un déprimé nécessite une connaissance détaillée des signes de la maladie, de ses causes, des moyens pour la traiter : c'est le Savoir.

Cela ne suffit pas. Le déprimé, au cours de la consultation comme ailleurs, doute de tout, dévalorise tout espoir, est inquiet : « Docteur, votre traitement me fait peur ».

Incapable d'anticiper, et souvent convaincu de l'inutilité du traitement, il ne se livre pas volontiers, ne croit pas à une amélioration possible.

Faire accepter au déprimé l'idée même du diagnostic, la nécessité et les principes du traitement actif qui lui est proposé requiert un savoir-faire particulier. Depuis toujours, nous avons l'habitude **d'annoncer le diagnostic au patient**. Cette pratique, qui devient une obligation légale, est une manière de montrer notre considération au patient, elle entraîne généralement un soulagement chez le malade (enfin on reconnaît le mal étrange dont il souffre), elle favorise sa participation ainsi que celle de son entourage, elle améliore la qualité de la prise en charge.

Nous allons voir comment se conduit le traitement d'un déprimé.

Si tous les déprimés présentent des symptômes en commun, chacun a ses particularités, liées à la personnalité, l'âge ou le sexe...

Un homme de soixante-dix ans vivant seul, loin de sa famille et de ses amis, pose des problèmes thérapeutiques différents de ceux d'une femme de trente-huit ans dont le mari et les grands enfants sont présents et compréhensifs.

Le traitement d'un malade gravement déprimé nécessite des décisions d'hospitalisation différentes de celles d'un sujet traversant une phase dépressive réactionnelle d'intensité modérée.

La question de l'arrêt de travail est un point important, mais qui dépend largement du contexte de vie.

Pourtant, dans presque toutes les prises en charge de déprimés, on peut décrire un tronc commun. Sur ce tronc commun nous pourrions graver « **faisons équipe** ».

Dans la majorité des cas, le temps de traitement global d'une première dépression est de six mois minimum ; celui d'un sujet qui a déjà été déprimé une ou plusieurs fois est plus durable, c'est un autre problème qui concerne la prévention des récurrences. Au cours de ce laps de temps, le malade et son médecin sont conduits, s'ils veulent aboutir, à se faire mutuellement confiance, à se parler, à échanger leurs informations, à se voir ou se téléphoner.

Cela est vrai de toute démarche thérapeutique, mais, ici, la nature particulière de la maladie, la dimension psychologique qui tend à tout négativer rendent primordiale la qualité de la relation.

Cette relation ne se constitue pas en un jour et, pourtant, **la première consultation est déterminante**. Elle se renforce au fil du temps et des rencontres : au quinzième jour, après un mois, au troisième mois, au fil des années.

Parfois des échanges téléphoniques adaptés permettent, dans l'intervalle des consultations, quelques questions, des conseils.

Voyons cette équipe, comment elle se constitue, qui elle implique, comment elle fonctionne.

Découvrons ensemble la conduite du traitement d'une première dépression avec ses trois temps classiques (premier mois, deuxième mois, phase de consolidation), les moyens techniques de ce traitement (médicaments, aspects psychologiques) et les particularités liées à la nature ou à la gravité des troubles (décision d'hospitalisation, lithium, électrochocs, etc.).

PREMIÈRE CONSULTATION

Recevoir un déprimé nécessite du temps, de la rigueur, un bon contact et de la bienveillance. Il faut savoir entrer en relation, en sympathie avec lui. Il faut surtout savoir l'écouter. Cette écoute a un aspect spontanément thérapeutique parce qu'elle met le déprimé en confiance. En outre, elle permet de recueillir des informations, subjectives pour la plupart et délivrées dans un certain désordre. Le psychiatre ne doit surtout pas rester silencieux : le malade le supporterait très mal. Il faut poser des questions, en tenant compte des conditions particulières de l'entretien : le malade souffre d'une pudeur excessive, ou a scrupule à monopoliser le temps des autres ou encore banalise son état. Cela se traduit par les phrases du genre : « Docteur, vous devez en avoir marre d'entendre nos petits malheurs », « C'est bien banal mon histoire… », « Peut-être que je m'écoute trop », « Docteur, je vous fais perdre votre temps ».

Rappelons que certains sujets, enfoncés dans des états dépressifs sévères peuvent penser, au moment où s'ouvre cette première rencontre, que rien ne sert à rien, que l'avenir est sans espoir et qu'ils ne méritent même pas d'être aidés.

Ce n'est qu'à partir du moment où le malade percevra qu'il est vraiment écouté – et non pas seulement entendu – qu'il se livrera peu à peu. Parallèlement, il prendra conscience de la nécessité et de la possibilité d'être soigné.

Dès lors, une réelle collaboration peut s'instaurer. Les questions deviennent plus précises et le « décodage » des réponses plus facile. Certaines de ces réponses apportent une information quasi objective : « Je me réveille tous les matins à trois heures et je ne me rendors pas », « J'ai maigri de cinq kilos en deux mois », « Je n'ai aucune envie sexuelle et n'ai pas eu de rapports depuis quatre mois », « Je ne peux plus lire, je ne peux pas rédiger trois lignes », « Je ne regarde plus la télévision », « La vie ne m'intéresse plus » : autant de symptômes qui aident à formuler un diagnostic. D'autres informations sont beaucoup moins claires dans leur nature comme dans la façon dont elles sont formulées. Elles nécessitent des précisions et un décodage particulier. « Je suis fatigué, tout me coûte, je n'ai envie de rien », « J'ai l'impression de ne plus aimer personne » en sont des exemples.

Les questions ne se succèdent pas forcément selon un ordre strict, immuable, elles s'intègrent, discrètement, dans la conversation spontanée. Pourtant le médecin a en tête une grille à remplir, une liste précise des sujets à aborder (humeur, angoisse, dynamisme, concentration, sommeil, appétit, vie sexuelle, etc.).

Ce premier entretien va, en tout cas, être déterminant pour la suite des opérations.

Il faut que les déprimés sachent bien que les questions du médecin ne sont jamais indiscrètes – même si elles peuvent le paraître – et **ne conduisent jamais à un jugement de valeur**. Elles sont nécessaires pour faire un diagnostic et évaluer la gravité de la situation.

Le contact établi, la confiance instaurée, le psychiatre peut commencer à répondre aux questions qu'il se pose.

Premiers bilans

Première question : **le malade est-il vraiment déprimé ?** Si bien des consultants sont déprimés et l'ignorent, d'autres, au contraire, s'annoncent comme tel... et ne le sont pas. C'est encore en interrogeant le patient que l'on pourra éventuellement constater qu'il souffre de multiples difficultés psychologiques, mais que son humeur n'est pas dépressive.

Il nous faut alors l'expliquer, dire pourquoi le diagnostic de dépression ne peut pas être retenu, préciser de quoi il s'agit et en quoi le traitement proposé est différent de celui d'un état dépressif.

Mais si le diagnostic de dépression est établi, reste à **s'interroger sur la gravité de cet état**. Elle varie selon la nature des symptômes, leur intensité, leurs conséquences sur l'existence du sujet. Il faut également savoir dans quel milieu évolue le malade. Totalement isolé dans l'existence, il ne posera pas les mêmes problèmes qu'un déprimé entouré d'une famille affectueuse et vigilante.

Il faut également évaluer, si elles existent, **l'intensité des idées de mort** et les possibilités de passage à l'acte suicidaire. Tous les déprimés n'ont pas constamment des idées de suicide. Mais tous peuvent en avoir, à un moment ou à un autre. Certains en ont et n'en feront pas état. D'autres le disent, mais ne passeront pas à l'acte. D'autres encore se suicideront sans en avoir jamais eu l'idée auparavant.

Nous avons décrit déjà quelles étaient, face au suicide possible, les armes et la stratégie du médecin. Son expérience et son savoir-faire sont importants. Nous avons vu que 70 % des malades qui se suicident avaient consulté un médecin dans les semaines précédant leur tentative de suicide. Ce temps de l'évaluation est donc essentiel.

De toutes les questions, celle-ci est la moins théorique. Bien sûr, l'erreur est tragique et on risque d'en faire trop pour protéger un patient qui n'en a pas besoin ; ou pire encore, on risque de ne pas en faire assez, alors que le malade est vraiment sur le point de se donner la mort.

Supposons résolues ces angoissantes questions. L'examen aura encore pour objectif de **préciser le type de dépression du patient**. Toutes les dépressions ont en commun un certain nombre de symptômes. Mais leur importance relative varie en fonction des sujets et du type de dépression. Ainsi, certaines dépressions sont dominées par l'angoisse et une certaine agitation, d'autres, au contraire, se caractérisent par un grand ralentissement général, voire une sidération.

De telles particularités vont être déterminantes dans le choix de l'antidépresseur prescrit ; certains ayant, en plus de leur possibilité de relever l'humeur dépressive, un effet sédatif de l'anxiété ; d'autres, un effet stimulant chez les déprimés ralentis et inhibés.

La dépression doit aussi s'évaluer en fonction de la personnalité et de l'histoire du sujet.

Au plan thérapeutique, le contexte dans lequel survient la dépression et la personnalité du déprimé ont une grande importance, dans l'immédiat comme à terme. Une dépression qui survient sans cause apparente relèvera, d'abord et avant tout, du traitement médicamenteux, comme si l'élément dominant était de nature biologique.

Si la dépression apparaît être la conséquence d'un événement traumatisant, outre les médications, le traitement psychologique tentera de dégager la signification profonde de l'événement et d'aider le sujet à « redémarrer » dans la vie, malgré l'échec ou la perte.

Enfin, si la dépression apparaît grandement favorisée par des difficultés inhérentes à une personnalité complexe, on sait que le pronostic dépend surtout du traitement psychologique, qui se prolongera bien après que les médicaments aient été arrêtés.

En première approximation, plus une dépression est en rupture avec le contexte du sujet, plus elle est facile à traiter en général et quelle que soit son intensité. Au contraire, plus elle est intriquée à la personnalité et au mode de vie habituel du patient, plus elle sera difficile à vaincre.

S'il y a urgence, cette évaluation plus fine du sujet, et non plus seulement de sa maladie, sera approfondie lors des consultations ultérieures.

Il faut enfin procéder à **un examen physique** du malade, car on peut découvrir une cause organique à la dépression. Le traitement sera alors différent et pas seulement antidépresseur ; il devra à l'évidence prendre en compte également le traitement de la maladie causale.

Cet examen pourra également faire apparaître des contre-indications à tel ou tel type de médicament. Il est relativement fréquent de compléter ultérieurement cet examen par des prises de sang, un électrocardiogramme, des examens radiologiques ou un scanner.

Le bilan n'est pas toujours obligatoire. Il est indispensable dans tous les cas où l'on suspecte une cause organique (une prise de sang peut confirmer un diabète ou un trouble thyroïdien, un scanner peut mettre en évidence une tumeur).

Il est nécessaire pour s'assurer qu'un malade va bien supporter un traitement (un électrocardiogramme peut mettre en évidence des anomalies cardiaques qui viennent contre-indiquer l'utilisation de certains antidépresseurs).

Ce bilan est utile, chaque fois qu'un doute subsiste sur le bon état somatique d'un patient.

L'aide de l'entourage

Fréquemment on demande au patient l'autorisation de s'entretenir avec tel ou tel membre de sa famille. Il n'y a là aucune indiscrétion. **La famille peut apporter des informations précieuses.**

Ce temps de la consultation confirme souvent la notion d'un changement récent : « Elle n'était pas comme ça avant », « Ça s'est passé assez vite », ou au contraire « C'est venu progressivement ».

L'entourage, à la différence du déprimé, juge plus objectivement la situation, peut dire si les problèmes financiers, dont a parlé le malade, sont imaginaires, réels mais peu préoccupants ou, au contraire, inquiétants.

Il peut, de même, donner un avis sur d'autres aspects de vie que le déprimé décrit comme dramatiques : difficultés professionnelles, conflits avec les enfants, qui ne sont, en fait, que mineurs et seulement majorés par l'état dépressif.

En outre, cet entretien nous permet d'évaluer l'aide qu'on peut attendre de l'entourage dans la suite du traitement.

Après le premier temps de cette consultation, l'étape diagnostique est alors largement avancée.

Le médecin sait si le malade est ou n'est pas déprimé, si la gravité de la dépression nécessite ou non une hospitalisation.

En fonction d'une bonne analyse des symptômes, des caractéristiques du patient, de ce qu'il sait des divers traitements à sa disposition, il a une idée à la fois des médicaments qu'il va prescrire et de l'attitude psychologique qu'il va adopter.

S'ouvre alors, dans ce premier acte, la seconde scène, celle où il convient d'expliquer, de rassurer, de convaincre.

Pour participer à son traitement, le déprimé doit être parfaitement informé

Les explications qu'il reçoit portent d'abord sur son état, sur sa maladie actuelle : la dépression.

Bien souvent, le fait de découvrir que tout ce qu'il ressentait de douloureux depuis des semaines ou des mois porte un nom, la dépression, le soulage grandement.

Cela ne suffit pas : il faut aller plus loin, expliquer l'évolution prévisible, favorable, sous réserve qu'un traitement adapté soit mis en place… et suivi.

Pour être suivi, un traitement doit être compris, et les explications portent donc également sur le projet thérapeutique, les moyens qu'il utilise, ses temps successifs, ses inconvénients et ses avantages.

Prés de la moitié des déprimés à qui on a prescrit un traitement ne le respectent pas ou très imparfaitement. L'expérience démontre aisément qu'une bonne information améliore considérablement ce que les médecins appellent l'observance, c'est-à-dire la manière dont le patient prend exactement et régulièrement ce qui lui est prescrit.

Le médecin explique ce qu'il escompte du traitement, ce qui va s'améliorer rapidement (anxiété, sommeil), ce qui disparaîtra plus tard.

Il prévient de l'apparition possible d'effets indésirables, variables selon le type d'antidépresseur choisi (sécheresse de la bouche, constipation, tremblements, vertiges).

Il demande au patient en cas de signes d'intolérance de lui téléphoner… plutôt que d'arrêter spontanément son traitement sans oser le déranger.

Le médecin doit permettre les questions, autoriser son interlocuteur à exprimer ses réticences, ses peurs. Il n'existe à ce niveau aucune question stupide. Si beaucoup d'idées toutes faites au sujet des antidépresseurs sont regrettables, aucune question à leur sujet n'est honteuse. Déprimés qui lisez ce livre, **n'hésitez jamais à poser à votre médecin une question qui vous gêne**. Répondre à vos interrogations fait partie intégrante de son travail et des soins qu'il vous apporte. Nous ne savons pas tout ; notre savoir, au sujet de la dépression, est parcellaire ; mais ce que nous savons doit être transmis au patient. Et si, malgré notre savoir et notre expérience, nous ne pouvons répondre, nous vous le dirons ; nous verrons comment, ensemble, gérer au mieux et avec la prudence nécessaire, ces zones d'incertitude.

Chaque médecin tend à utiliser préférentiellement les médicaments qu'il connaît bien.

Les généralistes connaissent bien les antidépresseurs. Les psychiatres les marient au fil du temps avec plus de précision.

Dans les deux cas, l'expérience joue un grand rôle.

La coopération entre le médecin et le malade est maintenant instaurée. Ce dernier a trouvé un interlocuteur qui l'a compris, il sait maintenant qu'il peut s'en sortir. Un schéma d'avenir est en place, des phases sont prévues, elles n'ont rien d'absolu : on ne guérit pas d'une dépression comme d'une jambe cassée…

Un prochain rendez-vous est pris : « On se revoit dans quinze jours », « Appelez-moi dans une semaine, plus tôt si vous avez un problème ».

Le « **faisons équipe** » a commencé à fonctionner, ce n'est qu'un début.

Voici donc terminée cette première consultation. Elle a duré environ une heure. En deçà de quarante-cinq minutes, elle risque d'être très superficielle et de ne pas répondre aux questions essentielles. Au-delà d'une heure, elle risque de dériver et de faire oublier l'essentiel du problème actuel : l'état dépressif.

Malheureusement, quels que soient les efforts déployés par le médecin, il arrive que certains déprimés se refusent à tout traitement. Bien sûr, il est impossible de les soigner contre leur gré. Seule solution : mettre en place, avec l'entourage, un système « d'appel au secours » qui pourrait éventuellement répondre à un revirement du sujet ou à des situations d'urgence.

15 le traitement

Le traitement d'un déprimé s'appuie sur un travail psychologique et sur la prescription de médicaments psychotropes, antidépresseurs essentiellement, mais aussi, selon les cas, tranquillisants et hypnotiques. Psychothérapie et chimiothérapie sont parfaitement complémentaires dans le traitement des dépressions, mais l'une comme l'autre sont sources de malentendus.

LES ASPECTS PSYCHOLOGIQUES DU TRAITEMENT

Le travail psychologique, nécessaire au traitement initial, est bien particulier. Il ne ressemble en rien à une psychothérapie structurée ou à une psychanalyse. Voyons pourquoi.

Le sujet déprimé, lorsqu'il est littéralement englué dans son système dépressif, perd beaucoup de ses capacités. Les troubles de concentration, le ralentissement, le désintérêt, le pessimisme l'empêchent de construire librement sa pensée, d'élaborer des solutions ou des explications saines et justes. Empêtré dans son monde gris, il ne peut que ruminer et retourner inlassablement et sans efficacité des pensées imprégnées de pessimisme ou de désespoir. Or une démarche psychothérapique, au sens classique du terme, nécessite une certaine capacité de penser, une possibilité de disposer librement de son raisonnement, de son intelligence, de ses associations d'idées – toutes choses difficiles au déprimé.

Et pourtant il nous faut l'aider, sachant que les médicaments à eux seuls ne suffisent pas.

Mais, alors, en quoi consiste ce fameux travail ?

Il consiste, pour un temps, à aider de façon active le déprimé à gérer sa vie, son traitement, l'ensemble de sa situation.

Nous avons vu les retentissements possibles de la dépression sur la vie du déprimé, son milieu familial, son milieu professionnel. Nous savons sa tendance à l'isolement, la difficulté à espérer et à croire en des jours meilleurs. Or, pendant tout le temps où sa dépression évolue, avant que l'effet des médicaments ne se fasse sentir, il faut l'aider à accepter puis à optimiser le traitement. Il est indispensable de dégripper progressivement les rouages qui l'empêchent d'avoir confiance en son médecin, en son traitement, en la vie.

Tout repose sur une attitude particulière. Le médecin est présent, actif, mais ni intrusif, ni brutal. Il n'a pas peur d'expliquer. Il n'hésite pas à donner des conseils, des orientations.

Ce co-pilotage est temporaire, mais là, au creux de la dépression, il est nécessaire. Plus tard, une fois la dépression vaincue, cette forme initiale d'aide psychologique s'arrête : le sujet est guéri. Dans certains cas, elle se transforme en un autre type de travail quand il persiste des problèmes psychologiques importants, le patient n'étant plus déprimé.

C'est à ce sujet que les malentendus sont nombreux. La question souvent nous est posée : « Je suis déprimé, dois-je prendre des médicaments ou faire une psychothérapie ? »

C'est une bonne question qui, posée sous cette forme, n'a guère de sens. Pendant la maladie dépressive, les deux aspects sont indissociables. Dans cette période d'extrême difficulté, l'aspect psychothérapique, au sens d'un accompagnement et d'un soutien actif, est de toute façon primordial.

Chez certains déprimés, dont la dépression fait suite à une séparation ou à une perte, l'aide psychologique s'oriente vers un travail plus précis.

Dans ces cas, le déprimé n'est pas parvenu à se séparer vraiment de cette chose perdue à laquelle il tenait tant. Il vit littéralement collé à cette perte ; parfois il le sait et il dit qu'il ne peut pas se retirer ça de la tête, parfois il l'ignore et c'est imperceptiblement que la dépression s'installe.

Le médecin, par sa présence et par ses mots, va aider à la séparation, va permettre qu'à travers lui la rupture s'effectue enfin, qu'une nouvelle relation moins écrasante s'instaure entre le sujet et ce qu'il a perdu.

Comme le dit le Dr J.-D. Nasio, psychanalyste, « il faut aider le déprimé à se souvenir autrement de ce qui n'existe plus ».

Mais après l'épisode aigu, une fois la dépression éloignée, la question peut se poser d'une psychothérapie ou d'une psychanalyse, destinée à soulager des difficultés psychiques, liées à la personnalité même du sujet et non plus à sa maladie dépressive.

Cela est particulièrement vrai chez les déprimés dont l'état dépressif trouve son origine dans une organisation particulière de la personnalité, la personnalité névrotique, par exemple. Dans ces cas, et donc dans un deuxième temps, une psychothérapie sera mise en place, que le sujet poursuive ou non son traitement médicamenteux.

La guérison d'une dépression nerveuse se définit comme le retour à l'état antérieur. Si, avant d'être déprimé, le sujet avait des difficultés psychologiques (qui, le plus souvent, ont participé à l'origine de la dépression), il les retrouvera une fois guéri de sa dépression. Peut-être les difficultés à gérer sa vie seront-elles accrues du fait de la dépression intervenue. Quelquefois, les difficultés de personnalité auront provoqué la survenue de plusieurs ruptures dépressives. Cela souligne l'importance de la stratégie préventive.

C'est alors qu'il faudra envisager une forme particulière de psychothérapie pour l'aider à résoudre des problèmes qui lui sont propres, pour l'aider à acquérir une plus grande autonomie dans la vie et pour lui éviter de répéter les mêmes situations d'impasse.

Cette **deuxième phase psychothérapique** est souvent faite avec le même médecin, mais ce n'est pas obligatoire, car les problèmes abordés deviennent alors très différents et peuvent nécessiter des techniques psychothérapiques très spécialisées, telles que la psychanalyse ou les thérapies cognitives.

On parle souvent de la psychanalyse, on ne dit pas toujours clairement en quoi elle consiste, on a tendance à la mettre à toutes les sauces… ce qui brouille son image, expose à bien des malentendus et réduit son efficacité.

L'être humain, au fur et à mesure qu'il « grandit » et se structure, aborde différemment de l'animal les questions de la vie sexuelle et de la mort.

À travers le langage, il dit son désir de communiquer avec l'autre, d'aimer, d'être aimé.

Mais, et pour des raisons qu'il ne comprend pas, les choses ne se passent pas toujours bien. Parfois, les échecs se répètent sans qu'il puisse logiquement en analyser les motifs.

Quand, sans raison logique, la vie est encombrée de ratages, de souffrances, la question de la psychanalyse se pose. Nous disons bien elle se pose, car on ne prescrit pas une psychanalyse comme une panacée.

Engager **un travail psychanalytique,** c'est, pendant plusieurs années (au moins trois), aller deux ou trois fois par semaine chez un psychanalyste. C'est s'allonger sur un divan, s'adresser à un homme ou une femme assis derrière vous, interlocuteur présent mais que l'on ne voit pas. C'est parler, essayer de parler, faire silence, parler et tenter de tout dire, de transmettre sa souffrance à un interlocuteur qui écoute activement et renvoie, par instants, un écho qui surprend ou inquiète, mais qui fait aller plus loin dans la recherche d'une vérité intérieure. De séance en séance, selon ce protocole particulier, entre deux sujets, une relation humaine fondamentalement affective se tisse à travers la parole.

C'est une relation passionnelle, exigeante, épuisante parfois. De plus, son objectif immédiat n'est pas de guérir un symptôme, mais de permettre au sujet de sentir « autrement » sa difficulté à vivre.

Ces quelques remarques ne constituent pas une critique négative de la psychanalyse. Pour certaines personnes la psychanalyse, conduite par des analystes compétents, est une voie thérapeutique majeure.

Mais, elle n'est pas la thérapeutique de la maladie-dépression, elle est **la thérapeutique d'une souffrance durable,** liée à la non résolution de problèmes profondément et chroniquement enracinés dans la personnalité d'un sujet.

La psychothérapie analytique constituera pour de nombreux patients une alternative moins « exigeante » et plus directement active sur la souffrance psychique. Mais il faut être clair, tout traitement psychique destiné à soulager les processus inconscients nécessite du temps et une participation réelle du sujet au processus de guérison. Si certains mécanismes inconscients de défense sont trop actifs, le sujet peut, malgré le travail attentif du thérapeute demeurer résistant à ces traitements.

Les psychothérapies cognitivo-comportementales qui s'appuient sur des théories et des procédures différentes s'intéressent moins au sens et à la fonction éventuelle des symptômes qu'aux mécanismes qui les font naître et aux techniques destinées à les redresser.

Chez le déprimé, l'inférence arbitraire (tirer des conclusions négatives sans preuve), la surgénéralisation (conclure à une issue péjorative après un seul incident), l'abstraction sélective (focaliser un détail négatif en ignorant son contexte) et la personnalisation (ramener à soi-même tous les éléments dévalorisants) constituent un dysfonctionnement mental que le sujet ne critique plus.

L'objectif en travaillant sur les pensées automatiques (ce que l'on dit de soi dans une sorte de dialogue interne) et sur les prémices implicites est de modifier, par une série d'entretien et d'exercices, des schèmes dépressogènes souvent acquis dans l'enfance et non modifié par l'expérience de vie. C'est par une modification en profondeur de ces schèmes pathogènes que les thérapies cognitives sont susceptibles de prévenir les récidives dépressives.

VULNÉRABLE MAIS PAS COUPABLE

Le devenir du déprimé à la sortie d'un premier épisode dépressif est sous la dépendance de trois types d'éléments :

– le terrain ;
– la qualité de la guérison ;
– les événements à venir.

La personne

Décrire un sujet humain dans sa singularité est impossible.

Les plus fins romanciers, les meilleurs auteurs de biographie, ne disent pas tout des personnes auxquels ils se consacrent. Il en va de même pour le sujet déprimé : les angles de vue, les niveaux d'analyse sont par essence insuffisants, partiels. Les psychiatres utilisent classiquement trois dimensions infiniment intriquées, corrélées, co-dépendantes, celle du biologique, celle des relations « conscient – inconscient », celle du fonctionnement cognitif.

LE SUJET ET LA BIOLOGIE

Les hommes naissent libres et égaux en droit.

Une inégalité réelle quant au risque dépressif repose sur l'hérédité biologique. Il est admis que nul n'hérite une pathologie thymique comme on hérite un groupe sanguin ou une couleur des yeux, mais l'existence d'une prédisposition génétique transmise dans certaines familles n'est plus contestable. Pour certaines formes de troubles de l'humeur, la maladie maniaco-dépressive par exemple, il existe une réelle agrégation familiale du trouble. Comme le montre l'analyse de l'arbre généalogique, la maladie est beaucoup plus fréquente dans certaines familles de patients que dans la population générale. Pourtant tous les membres ne sont pas atteints. Il est possible que le déclenchement du trouble ne puisse se faire que si, en plus d'une prédisposition génétique, des événements particuliers favorisent l'expression du trouble. Nous y reviendrons.

Les généticiens insistent sur le caractère plastique de cette vulnérabilité initiale et soulignent le rôle du milieu et des conditions de vie au cours du développement. Nous naissons avec des prédispositions génétiques. Notre développement module par les acquis ce qui était inné. Au fil du temps, les vulnérabilités évoluent par rapport à l'ensemble des risques (infectieux, d'hypertension, de cancer) et de troubles psychiatriques (dont la dépression).

Ces informations sont codées biologiquement. Une question cruciale est de comprendre comment et à quel niveau un premier épisode de dépression laisse ses traces.

Il existe une mémoire biologique : la peau après une brûlure profonde garde des traces parfois visibles, parfois invisibles. Des coups de soleil répétés feront le lit, trente ans plus tard, du cancer de la peau.

Les chercheurs travaillent aujourd'hui sur la compréhension de ce que Post, un collègue nord-américain, appelle la vulnérabilité acquise.

Comment, après une première dépression caractérisée, l'organisme s'en souvient-il, en termes de mémoire biologique et non bien sûr de mémoire consciente ?

Cette trace peut-elle aggraver un niveau antérieur de vulnérabilité à la dépression ?

Si, par malheur, deux puis trois dépressions se succèdent dans un laps de temps de quelques années, une fragilité biologique peut-elle se créer ?

Pour certains cela ne fait aucun doute. Des modifications dans les systèmes de transductions intraneuronales seraient le support de cette vulnérabilité acquise aggravant une éventuelle vulnérabilité initiale.

LA VIE PSYCHIQUE

Avant de naître, chaque enfant est porteur d'un espoir pour ses parents, il est déjà consciemment représenté ou inconsciemment désiré.

À la naissance, un tempérament affectif se met en place. Les chercheurs parlent de tempérament hyperthymique, irritable, dépressif, cyclothymique et décrivent différents dispositifs psychobiologiques de réactivité.

Sous l'influence de l'environnement, de l'éducation précoce, en relation avec les inconscients parentaux, les traits de personnalité apparaissent, des caractères se définissent, des signifiants s'inscrivent. Certaines conduites sont valorisées, d'autres sont réprimées. Des programmes de pensées se codent, des affects sont refoulés. Les mondes conscients et inconscients du sujet en développement s'inscrivent, le potentiel évolutif s'exprime sous des influences multiples : une grand-mère, une nounou, un frère, des chiens, des musiques entendues, les gestes osés ou retenus, le plaisir pris aux premières découvertes, l'ambiance des premiers apprentissages...

L'enfant devient adolescent, l'adolescent plus ou moins rapidement devient adulte.

Des deuils, des séparations précoces, des relations initiales pathogènes fragilisent certains.

Plus tard, les apparences seront trompeuses : on comprendra mal pourquoi une aussi jolie femme, si vivante en apparence est en réalité aussi fragile : une carence affective massive aura marqué son enfance.

Plus que la réalité des événements, la façon dont ils sont vécus, l'accompagnement langagier qui leur correspond rend compte des failles qu'ils vont inscrire et qui plus tard se révéleront ou non à l'occasion d'un traumatisme psychique. Certains ne se remettent jamais vraiment d'un défaut initial fondamental de ce que les psychanalystes appellent « l'image spéculaire du moi ». Leur vie durant, ils attendront d'être regardés, aimés, soutenus, compris comme ils auraient dû l'être. D'autres ne parviendront pas à faire le deuil de l'objet maternel. Inlassablement, ils continueront de tenter de reproduire la symbiose initiale qu'ils n'ont jamais pu harmonieusement délier. Beaucoup, les plus chanceux, traverseront avec succès une phase dite de position dépressive. Ceux-là, extraits progressivement de la toute-puissance infantile, « accouchés » psychiquement une seconde fois auront fait déjà l'expérience de la perte, de la séparation et du deuil de l'objet maternel. Ils seront mieux capables de faire face aux événements douloureux que toute vie, hélas, conduit à rencontrer.

Les conséquences durables d'une dépression caractérisée sur la vie psychique varient en fonction de la personnalité antérieure, des mécanismes à l'origine de la décompensation dépressive, de la capacité des mécanismes de défense à se réorganiser.

En cas de guérison partielle, des biais cognitifs, c'est-à-dire des organisations erronées de la pensée, peuvent persister.

Des schémas implicites d'échecs, des pensées automatiques négatives maintiennent certains dans le manque d'estime d'eux-mêmes. Si la personnalité antérieure était fragile, l'indécision, la pauvreté, le sentiment d'échec persistent ; la culpabilité n'est pas loin.

Cette erreur cognitive séquellaire handicape le sujet dans ses facultés d'appréhension de l'avenir, son potentiel adaptatif en est réduit.

Freud, dans sa lecture psychanalytique de la problématique dépressive, décrivait avec d'autres mots le processus : « l'amour manqué, les échecs amoureux ont infligé une mortification au sentiment de dignité, ont laissé au sujet une sorte de cicatrice narcissique et constituent une des causes les plus puissantes du sentiment d'infériorité » *(Au-delà du principe de plaisir)*. Au plan psychodynamique, la résultante n'est pas toujours aussi négative, certains remaniements, des prises de conscience, la meilleure utilisation des mécanismes de défense peuvent après une épreuve dépressive rendre un sujet moins vulnérable, moins aveugle à ce qui l'avait mis à mal. Souvent, le maillon faible étant situé dans les zones les plus archaïques du sujet, le travail d'élaboration ne pourra se faire qu'en mobilisant les processus inconscients, c'est-à-dire avec l'aide d'un psychanaliste.

La qualité de la guérison

Nous reviendrons au chapitre 17 sur les qualités de guérison, ceux qui se trouvent mieux qu'avant, ils sont rares ; ceux qui se ressentent « comme avant », ils sont moins rares ; ceux qui sont mieux mais pas totalement guéris, sont hélas trop nombreux encore. Nous insistons une nouvelle fois sur l'exigence à soutenir quant à la qualité de guérison de l'épisode index.

Le tourbillon de la vie, aujourd'hui plus qu'hier, nécessite de solides capacités adaptatives.

Un sujet qui aura totalement resynchronisé ses rythmes (sommeil retrouvé, appétit et sexualité), ses capacités intellectuelles et son plaisir à vivre affrontera l'avenir avec de meilleurs atouts.

Guérir c'est retrouver 100 % de ses possibilités, c'est avoir envie comme avant.

Les événements du futur

Ils sont, par essence, imprévisibles.

Au-delà du processus de maturation puis de vieillissement, chaque vie est émaillée d'événements heureux et malheureux, de naissances et de morts, d'unions et de ruptures.

En termes adaptatifs, tout événement important de vie, qu'il soit heureux ou malheureux, nécessite une dépense d'énergie. Si l'événement est favorable, cette dépense est récompensée, s'il est défavorable, le sujet est pénalisé.

Des échelles de mesure quantifient en termes de risques accrus des dizaines d'événements classiques (divorce, déménagement, changement de vie, etc.). Les limites de cette approche sont évidentes, la gravité de la plupart des événements ne s'évalue qu'au regard d'une personne donnée à un moment donné de vie.

Dans une famille, la mort d'un animal de compagnie vieux de quinze ans sera considérée comme triste mais normale par un parent, mais pourra précipiter l'autre dans un deuil difficile.

Certains événements de vie pour imprévisibles qu'ils soient ne sont pas totalement du hasard. Certaines personnalités psychopathiques ou *border line*, des chercheurs de sensations, multiplient, par exemple, les risques d'accident.

Certains conduisent leur vie sentimentale, familiale avec peu de discernement.

D'autres, de façon répétitive, reproduisent les mêmes situations et s'exposent aux mêmes échecs.

L'apparition d'une maladie somatique n'est pas non plus totalement aléatoire.

Au-delà, ici encore, des facteurs génétiques de prédisposition, l'hygiène de vie, la surveillance préventive modifient le niveau d'exposition aux risques.

Et puis, il y a le hasard, l'imprévisible, la part de futur qui échappe à toute prédictibilité. Le « comme on fait son lit, on se couche » n'est pas toujours vrai.

La maladie grave, l'accident stupide surgissent souvent où on ne les attendait pas.

LES MÉDICAMENTS

Antidépresseurs, tranquillisants et hypnotiques sont utilisés pour soigner les déprimés. Mais ces trois classes de médicaments ne doivent pas être confondues. Elle n'ont ni les mêmes buts, ni les mêmes mécanismes d'action, ni les mêmes inconvénients. Les tableaux ci-après donnent la liste de ces médicaments.

Ces tableaux ne sont **en aucun cas** destinés à permettre, voire à encourager, une quelconque automédication. Toutes ces molécules ne sont délivrées que sur ordonnance médicale et elles ne doivent être utilisées qu'à la suite d'**un diagnostic précis** et pour **un objectif défini** de traitement. Leurs effets positifs et négatifs sont régulièrement réévalués aux cours des consultations. C'est en fonction de l'évolution sous traitement, à partir des indications fournies par le patient, que le médecin est conduit à modifier les médicaments, les posologies, les heures de prise, etc.

Toute autre modalité d'utilisation de ces médicaments est **potentiellement dangereuse** dans la mesure où la sensibilité aux psychotropes est très individuelle.

Pour chacune de ces molécules, des études très importantes, portant sur des milliers de sujets, ont démontré leur efficacité dans des indications précises et mis en évidence leurs effets secondaires et leurs contre-indications d'utilisation.

Il est établi que la meilleure compréhension de son ordonnance par le patient améliore le suivi du traitement et, donc, son efficacité. Chacun doit savoir s'il est traité par un antidépresseur ou un thymorégulateur ou les deux, si le médicament qu'il prend est un anxiolytique ou un hypnotique.

Toute molécule originale, lorsqu'elle est découverte par un laboratoire pharmaceutique est protégée pendant de nombreuses années par un brevet d'exclusivité. Ensuite, d'autres laboratoires ont le droit – parfaitement légal – de fabriquer et de commercialiser sous formes de produits dits **génériques** – à des prix inférieurs – des copies strictement identiques de la molécules brevetée, mais sous une dénomination différente :

ANAFRANIL® et *clomipramine* ;

VALIUM® et *diazépam*.

Les pouvoirs publics, dans un but louable de réduction des dépenses de prescription, encouragent le développement des génériques. En France, les résistances au changement sont fortes ; de nombreux patients et beaucoup de médecins restent attachés au nom commercial originel du médicament, ils ont torts.

Les antidépresseurs

Médicaments primordiaux dans le traitement de la dépression, ils existent depuis un demi siècle, les premiers ayant été découverts en 1957. Ils ont une action spécifique qui consiste à ramener à son niveau normal l'humeur dépressive. Évitons donc de les confondre avec les substances « euphorisantes » (opium, alcool), qui induisent une humeur au-delà du comportement normal (ces dernières substances ne sont d'ailleurs pas des médicaments). Les médecins les classent en familles d'antidépresseurs, familles qui ont en commun une structure chimique (antidépresseurs tricycliques, par exemple, qui possèdent tous une forme chimique de base, composée de trois cycles) ou un mécanisme d'action (IMAO [inhibiteurs de la monoamine oxydase] qui bloquent certaines enzymes), ou d'autres familles définies à partir de leur action sur des neurotransmetteurs : I.R.S. (inhibiteurs de la recapture de la sérotonine), I.S.N.A...

On parle aussi beaucoup de nouveaux antidépresseurs ou des antidépresseurs de deuxième ou de troisième génération. Pourquoi ? Parce que, aux premiers antidépresseurs devenus classiques, sont venus s'ajouter des antidépresseurs nouveaux dont la meilleure efficacité n'est pas prouvée, mais qui sont généralement mieux tolérés. Le grand nombre d'antidépresseurs n'est pas vraiment un luxe. Certains se ressemblent beaucoup, cela est vrai, mais la variété de leurs actions répond à la diversité des états dépressifs et à la spécificité des sujets chez qui les dépressions surviennent.

ANTIDÉPRESSEURS

Produit	**Principe actif**	**Dosage et présentation**
Anafranil® *Clomipramine Merck, GNR, RPG*	clomipramine	10 mg comprimés dragéifiés 25 mg comprimés dragéifiés 25 mg ampoules injectables 2 ml 75 mg comprimés pelliculés sécables
Athymil® *Miansérine Merck, GNR, RPG*	miansérine	10 mg comprimés enrobés 30 mg comprimés pelliculés
Défanyl®	amoxapine	50 mg comprimés sécables 100 mg comprimés sécables Solution buvable à 50 mg/ml
Deroxat®	paroxétine	20 mg comprimés pelliculés sécables Suspension buvable à 20 mg/10 ml

Produit	Principe actif	Dosage et présentation
Effexor®	venlafaxine	25 mg comprimés 37,5 mg gélules à libération prolongées 50 mg comprimés
Élavil®	amitriptyline	10 mg comprimés pelliculés 25 mg comprimés pelliculés
Floxyfral®	fluvoxamine	50 mg comprimés pelliculés 100 mg comprimés pelliculés
Humoryl®	toloxatone	200 mg gélules
Ixel®	milnacipran	25 mg gélules 50 mg gélules
Laroxyl®	amitriptyline	25 mg comprimés pelliculés 50 mg comprimés pelliculés 4 % gouttes buvables (1 mg/goutte) 50 mg ampoules injectables 2 ml
Ludiomil®	maprotiline	25 mg comprimés pelliculés sécables 75 mg comprimés pelliculés 25 mg ampoules injectables 2 ml
Marsilid®	iproniazide	50 mg comprimés quadrisécables
Moclamine®	moclobémide	150 mg comprimés pelliculés sécables
Norset®	mirtazapine	15 mg comprimés pelliculés
Pertofran®	désipramine	25 mg comprimés enrobés
Prothiaden®	dosulépine	25 mg gélules 75 mg comprimés enrobés
Prozac® *Fluoxétine RPG*	fluoxétine	20 mg gélules Solution buvable à 20 mg/5 ml Comprimés dispersibles sécables à 20 mg
Quitaxon®	doxépine	10 mg comprimés pelliculés sécables 50 mg comprimés pelliculés sécables Solution buvables (10 gouttes = 5 mg) 25 mg ampoules injectables 2 ml

Produit	Principe actif	Dosage et présentation
Seropram®	citalopram	20 mg comprimés pellicules sécables Solution buvable à 40 mg/ml Solution à diluer pour perfusion à 20 mg/0,5 ml Solution à diluer pour perfusion à 40 mg/ml
Stablon®	tianeptine	12,5 mg comprimés enrobés
Surmontil®	trimipramine	25 mg comprimés sécables 100 mg comprimés pelliculés sécables Solution buvable à 4 %, 1 mg/goutte
Tofranil®	imipramine	10 mg comprimés enrobés 25 mg comprimés enrobés
Vivalan®	viloxazine	100 mg comprimés pelliculés 300 mg comprimés enrobés à libération prolongée Ampoules injectables 5 ml
Zoloft®	sertraline	25 mg gélules 50 mg gélules

Les médicaments antidépresseurs sont actifs ; chacun d'eux est efficace pour 60 à 70 % des déprimés. Les antidépresseurs, comme tous les médicaments actifs, ont, parallèlement à l'effet thérapeutique, des effets indésirables ; car ils agissent non seulement sur le cerveau, mais aussi sur le système nerveux périphérique. Les antidépresseurs ont aussi des effets non souhaités, plus ou moins importants selon les sujets, sur le cœur, le tube digestif, l'œil, l'arbre urinaire, la tension artérielle… Beaucoup peuvent avoir un effet toxique (généralement modéré) sur le fonctionnement hépatique.

Les médecins connaissent bien l'existence de ces effets latéraux, particuliers à chaque antidépresseur. C'est en fonction de l'ensemble des caractéristiques d'un médicament qu'ils le choisissent pour un malade donné. Un problème prostatique ou un glaucome sont les cas de contre-indication pour six antidépresseurs sur dix. Une fragilité cardiaque pose des problèmes spécifiques.

Les antidépresseurs ont en commun de relever l'humeur dépressive. C'est l'effet principal. Ils ont des effets secondaires, variables en fonction des produits considérés, qui peuvent présenter un intérêt pour le traitement. Certains antidépresseurs ont, en plus, un effet tranquillisant chez le déprimé anxieux ; d'autres, un effet stimulant chez un déprimé fatigué, ralenti.

Pour l'ensemble des antidépresseurs, l'effet thérapeutique (redressement de l'humeur dépressive) nécessite un délai d'action d'au moins quinze jours. Il faut le savoir.

Certains d'entre eux ne sont utilisables que par voie orale (comprimés ou gélules). D'autres existent également en ampoules et sont destinés à des traitement intramusculaires ou à des traitements par perfusions intraveineuses.

La recherche fondamentale et appliquée consacre, depuis une vingtaine d'années, beaucoup de temps et d'argent à comprendre le fonctionnement du cerveau normal et ses modifications au cours des états dépressifs. D'énormes progrès restent à faire. Cependant, l'arsenal des médicaments actuels, pour imparfait qu'il soit, rend de réels services.

Les tranquillisants et les hypnotiques

Parallèlement aux antidépresseurs, on utilise chez certains déprimés des tranquillisants ou des hypnotiques.

Les premiers ont pour but de réduire l'anxiété, qui est très importante chez beaucoup de déprimés, les seconds sont destinés à améliorer le sommeil.

Ces médicaments, à la différence des antidépresseurs, ont une action rapide, presque immédiate pour certains d'entre eux. Cette action ne doit en aucun cas être confondue avec celle d'un antidépresseur. Lexomil®, Xanax® ou Temesta® n'ont jamais, à eux seuls, guéri un déprimé.

De même, prescrire simplement un hypnotique à un déprimé, l'aidera à mieux s'endormir, mais ne lui procurera pas un sommeil réparateur, ne l'empêchera pas de se réveiller à trois heures du matin.

Produit	Principe actif	Dosage et présentation
Donormyl®	doxylamine	15 mg comprimés effervescents sécables 15 mg comprimés pelliculés sécables
Gardénal®	phénobarbital	10 mg comprimés 50 mg comprimés 100 mg comprimés Préparation injectable 40 mg Ampoules injectables 200 mg
Halcion®	triazolam	0,125 mg comprimés
Havlane®	loprazolam	1 mg comprimés sécables
Imovane® *Noctirex Gé* *Zopiclone Bayer, Biogaran, EG, GNR, Merck, RPG, G GAM*	zopiclone	7,5 mg comprimés pelliculés sécables
Mépronizine®	méprobamate et acépromazine	Comprimés enrobés sécables
Mogadon®	nitrazépam	5 mg comprimés sécables
Noctamide	lormétazépam	1 mg comprimés sécables 2 mg comprimés sécables
Noctran®	clorazépate dipotassique, acépromazine, acéprométazine	10 mg comprimés sécables
Normison®	témazépam	10 mg capsules 20 mg capsules
Nuctalon®	estazolam	2 mg comprimés sécables
Phénergan®	prométhazine	25 mg comprimés enrobés Sirop à 0,10 % Solution injectable à 2,5 % Crème à 2 %
Rohypnol® *Flunitrazépam RPG*	flunitrazépam	1 mg comprimés pelliculés sécables

Produit	Principe actif	Dosage et présentation
Stilnox®	zolpidem	10 mg comprimés pelliculés sécables
Théralène®	alimémazine	5 mg comprimés pelliculés sécables Sirop à 0,05 % Solution buvable en gouttes à 4 % Solution injectable à 5 mg/ml Sirop nourrisson

TRANQUILLISANTS

Produit	Principe actif	Dosage et présentation
Atarax®	hydroxyzine	25 mg comprimés pelliculés sécables 100 mg comprimés pelliculés sécables Sirop 10 mg/cuillère à café 100 mg ampoules injectables
Buspar® *Buspirone G Gam, Merck*	buspirone	10 mg comprimés sécables
Covatine®	captodiamine	50 mg comprimés enrobés
Équanil *Procalmadiol*	méprobamate	400 mg comprimés enrobés sécables 250 mg comprimés enrobés Ampoules injectables 400 mg/5 ml
Haldol®	halopéridol	1 mg comprimés 5 mg comprimés Solution injectable à 5 mg/ml 20 mg comprimés Solution buvable 20 mg/ml
Haldol® Decanoas	halopéridol décanoate	Solution injectable à 50 mg/ml
Lexomil® *Quetiline Gé, Bromazépam MSD, G Gam, Biogaran, GNR, Merck, Ratiopharm, Bayer, EG, RPG, Anxyrez Gé*	bromazépam	6 mg comprimés quadrisécables

Produit	Principe actif	Dosage et présentation
Lysanxia®	prazépam	10 mg comprimés sécables 40 mg comprimés sécables Solution buvable à 15 mg/ml
Méprobamate Richard®	méprobamate	200 mg comprimés sécables
Nordaz® *Praxadium*	nordazépam	7,5 mg comprimés bisécables 15 mg comprimés quadrisécables
Nozinan®	lévomépro- mazine	2 mg comprimés pelliculés 25 mg comprimés pelliculés sécables 100 mg comprimés pelliculés sécables Solution buvable à 4 % Solution injectable à 25 mg/ml
Séresta®	oxazépam	10 mg comprimés 50 mg comprimés sécables
Stresam®	étifoxine	50 mg gélules
Témesta® *Lorazepam Merck, Equitam Gé*	lorazépam	1 mg comprimés pelliculés sécables 2,5 mg comprimés pelliculés sécables
Tranxène®	clorazépate dipotassique	5 mg gélules 10 mg gélules 50 mg comprimés pelliculés sécables 20 mg/2 ml injectables 50 mg/2,5 ml injectables 100 mg/5 ml injectables
Urbanyl®	clobazam	5 mg gélules 10 mg comprimés sécables 20 mg comprimés
Valium® *Diazépam, Ratio-pharm, Novazam Gé*	diazépam	2 mg comprimés sécables 5 mg comprimés sécables 10 mg comprimés sécables Gouttes buvables 30 gouttes = 10 mg 10 mg/2 ml ampoules injectables
Vératran®	clotiazépam	5 mg comprimés 10 mg comprimés sécables

Produit	Principe actif	Dosage et présentation
Victan®	loflazépate d'éthyle	2 mg comprimés pelliculés sécables
Xanax® *Alprazolam EG, Biogaran, GNR, Irex, Merck*	alprazolam	0,25 mg comprimés sécables 0,50 mg comprimés sécables

Ces traitements, chez les déprimés, ne sont donc utilisés qu'en association aux antidépresseurs et seulement si cela est strictement nécessaire.

Il n'est pas toujours facile ensuite d'interrompre leur utilisation ; ces classes de médicaments posent le problème d'une certaine dépendance. Il est, de plus, bien établi maintenant que leur usage intempestif ou trop prolongé tend à réduire les capacités de mémorisation.

Les thymorégulateurs

Les thymorégulateurs sont des médicaments destinés à stabiliser l'humeur, à ramener ses oscillations à l'amplitude naturelle que chaque sujet connaît. Leur action consiste donc à prévenir les très grandes variations qui font passer certains sujets de la dépression la plus profonde à l'excitation la plus pathologique.

Le lithium n'est pas le traitement des états dépressifs. Il s'agit d'un agent prophylactique (un traitement préventif), réservé à un type de déprimés bien particulier : ceux dont les épisodes dépressifs (ou d'excitation) se répètent à intervalles plus ou moins réguliers, en dehors de toute cause objective ; ceux qu'il est donc nécessaire de protéger très durablement d'une récidive.

Le lithium est un métal connu depuis l'Antiquité. Sa prescription n'a pas pour objet de compenser un quelconque déficit en lithium « naturel », ce dernier n'existe dans l'organisme qu'à l'état de trace et en fonction des apports alimentaires. La façon dont il agit sur le cerveau reste hypothétique mais repose sans doute sur un mécanisme stabilisateur des membranes protéiques de certains récepteurs.

Utilisé depuis une vingtaine d'années, il est destiné à éviter, chez certains sujets, les grandes oscillations de l'humeur, c'est-à-dire à prévenir à la fois les états dépressifs et les états maniaques. Cette capacité régulatrice explique son rôle dans la prévention des suicides chez les patients bipolaires dont la surmortalité peut ainsi être réduite.

Il est administré sur une longue durée, quelquefois à vie. Son action est dépendante de sa concentration dans le sang et non du nombre de comprimés prescrits (comme cela est vrai pour beaucoup d'autres médicaments, d'ailleurs). C'est pourquoi, en cours de traitement, il faut faire des dosages sanguins répétés. La bonne concentration doit être comprise entre 0,5 et 0,8 nmol/l (ou milliéquivalent par litre – mEq/l – le milliéquivalent par litre étant une unité de dosage). En deçà, la concentration est inefficace ; au-delà, elle peut engendrer des accidents toxiques. Mais pour obtenir un même taux sanguin, par exemple de 0,7 mEq/l, l'un devra prendre trois comprimés par jour et l'autre cinq. Cela dépend du pouvoir d'élimination de chacun ; il n'y a pas de traitement standard.

Une forme retard de lithium permettant de réduire le nombre des prises (une prise unique le soir) est de plus en plus utilisée. Les taux efficaces seront légèrement supérieurs, compte tenu de la cinétique du produit sur les 24 heures (fourchette posologique de 0,8 à 1,2 nmol/l).

Sans danger s'il est bien conduit, le traitement nécessite une surveillance médicale régulière ; en particulier, il importe de s'assurer que la fonction rénale est normale. Son inconvénient majeur est une certaine prise de poids qui ne concerne cependant que 30 % des patients et demeure, tout à fait contrôlable, dans la majorité des cas. Les autres effets indésirables sont généralement mineurs et temporaires. Ainsi, le tremblement fin des doigts est rarement un obstacle absolu à la poursuite du traitement, il s'estompe en un à deux mois. À long terme, on peut également constater certains signes d'insuffisance thyroïdienne, mais celle-ci est facilement traitable par la co-prescription d'extraits thyroïdiens.

Le lithium est contre-indiqué dans les premiers mois de la grossesse et il ne peut être associé à certains médicaments diurétiques ou anti-inflammatoires. Les laboratoires commercialisant les thymorégulateurs éditent des guides d'utilisation remis par les médecins. Certains ouvrages fournissent une information exhaustive sur la lithiothérapie.

D'autres médicaments possèdent également des actions régulatrices de l'humeur. C'est le cas du Tégrétol®, un anti-épileptique utilisé depuis de nombreuses années, dont on a découvert qu'il pouvait prévenir les états dépressifs et les états maniaques. Comme pour le lithium, un traitement par le Tégrétol® nécessite une surveillance, centrée sur les cellules du sang et sur la fonction hépatique.

Les thynorégulateurs évitent les rechutes à la grande majorité des patients cyclothymiques. Pour quelques-uns, l'effet n'est que partiel ; dans ces cas cependant, les rechutes ont une intensité nettement réduite.

Le Dépamide® et le Dépakine® sont aussi des thymorégulateurs. Le Dékapote® a obtenu son autorisation de mise sur le marché comme agent antimaniaque.

THYMORÉGULATEURS

Produit	**Principe actif**	**Dosage et présentation**
Dékapote®	divalproate de sodium	250 mg comprimés 500 mg comprimés
Dépakine®	acide valproïque sel de sodium	200 mg comprimés 500 mg comprimés Solution buvable 200 mg/ml
Dépamide®	valpromide	300 mg comprimés enrobés
Neurolithium®	lithium (gluconate)	Ampoules buvables 10 ml Ampoules buvables 5 ml
Tégrétol® *Carbamazépine Merck*	carbamazépine	200 mg comprimés sécables 200 mg comprimés pelliculés sécables à libération prolongée 400 mg comprimés pelliculés sécables à libération prolongée Suspension buvable 100 mg/5 ml
Téralithe®	carbonate de lithium	250 mg comprimés sécables 400 mg comprimés sécables à libération prolongée

16 les trois ou parfois les quatre temps du traitement

La dépression relève d'un traitement spécifique : antidépresseur. Les modalités du traitement sont variables, en fonction surtout du sujet déprimé. Mais dans le cadre des dépressions avérées, il est possible, sans schématisation excessive, de décrire trois périodes. Un quatrième temps éventuel correspond au traitement préventif des récidives.

LE PREMIER MOIS : INFORMER, RASSURER, COMMENCER LE TRAITEMENT

Le diagnostic étant posé, le médecin apprécie les éléments de la situation, il construit son projet thérapeutique, il l'expose au malade, le convainc de se traiter.

Les décisions pour l'instauration du traitement portent sur plusieurs points.

Le choix de l'antidépresseur est un exercice difficile. À chaque dépression correspond un médicament spécifique. Mais ce choix initial n'est pas totalement scientifique et reste en partie aléatoire. Dans d'autres domaines de la médecine, devant une angine par exemple, il est possible de pratiquer un prélèvement de gorge, de demander un antibiogramme et d'obtenir ainsi le nom du médicament qui sera le plus efficace contre le germe responsable de l'angine. Malheureusement nous ne disposons pas encore, dans le traitement de la dépression, de ce type d'index biologique.

De nombreuses tentatives ont pourtant été faites en ce sens. Les psychiatres espéraient, à partir de dosages effectués dans le sang, les urines ou le liquide céphalo-rachidien, déterminer des caractéristiques biologiques qui auraient permis de rendre plus scientifique le choix de l'antidépresseur.

À ce jour, les résultats restent décevants.

Aussi, à défaut de certitude absolue, le choix du médicament va reposer sur un certain nombre de critères : l'analyse des symptômes dont souffre le déprimé, les mécanismes d'action des différents antidépresseurs et les caractéristiques du malade.

Il est fondamental, en effet, de connaître son poids, sa taille, son état général : les maladies organiques influent sur le choix de l'antidépresseur. La personnalité du déprimé, son mode de vie sont pris en compte : on ne soigne pas un homme de soixante-dix ans comme une adolescente.

Tous ces éléments sont commentés pour le malade qui doit comprendre, plus que savoir.

Demander par exemple à un patient déprimé : « Vous n'avez pas de problème oculaire ou prostatique ? » n'est pas évident dans le cadre d'une telle consultation. Cela permet simplement, nous l'avons vu, d'éliminer du choix possible des médicaments certains antidépresseurs dont l'effet, dit anticholinergique, viendrait aggraver un glaucome ou provoquerait une rétention d'urine.

Si l'anxiété est prédominante, on choisit un antidépresseur sédatif, on associe éventuellement un tranquillisant et un hypnotique. Si, au contraire, c'est le ralentissement et l'inhibition qui prédominent, le médecin préfère utiliser un antidépresseur dit stimulant.

Quelle que soit notre expérience, nous n'avons que six chances sur dix de choisir d'emblée le bon antidépresseur.

En revanche, il existe moins de risque de mauvaise réponse au traitement lorsqu'un déprimé fait une récidive : l'antidépresseur efficace, lors du précédent épisode, le sera sans doute à nouveau pour traiter la rechute. Cela est probable, pas certain.

Le traitement est pris oralement dans la majorité des cas, en une, deux ou trois prises. **La fréquence et l'heure des prises est variable et dépend de l'antidépresseur**. Pour les antidépresseurs sédatifs, la part importante est administrée le soir ; pour les stimulants, elle est donnée le matin et à midi.

Les doses, sur la première ordonnance, ne sont généralement pas fixes, mais croissent progressivement afin d'atteindre par paliers la dose à la fois active et correctement tolérée.

Certains antidépresseurs récents peuvent être prescrits d'emblée à la dose considérée comme thérapeutique et sont utilisables en dose unique.

La recherche de cette posologie optimale, où l'effet antidépresseur est obtenu alors que l'intensité des effets secondaires reste supportable et en tout cas compatible avec une vie active, est une phase importante du « faisons équipe ». Dès la première consultation, le patient est prévenu des effets gênants qui risquent, très provisoirement, de lui donner l'impression d'une aggravation relative de son état. Il est informé de la nécessité d'attendre l'action sur l'humeur dépressive, il sait aussi que des effets gênants peuvent apparaître d'emblée. Informé de la possibilité ou de la probabilité de leur survenue, il saura téléphoner au médecin si leur importance l'inquiète vraiment.

Le malade a droit à toutes les questions, et Dieu sait que, généralement, il en pose.

« Docteur, est-ce que j'ai un traitement fort ? »

Ce n'est pas aux nombres de comprimés ou de milligrammes qu'il reçoit qu'un déprimé doit évaluer la gravité de son état. La dose dépend de bien d'autres facteurs : le poids, la taille, le fonctionnement hépatique ou rénal, l'existence ou non de traitement associé. Une insuffisance hépatique ou rénale fait réduire les doses. Les interactions médicamenteuses peuvent conduire, selon les cas, à diminuer ou à augmenter la posologie (d'où la nécessité pour le médecin de connaître l'ensemble des médicaments utilisés, au jour de la consultation). Il n'y a pas de gros traitements pour de grosses dépressions, ni de petits traitements pour de petites dépressions. Il y a un traitement adapté à chaque déprimé.

« Docteur, serai-je comme un zombie ? »

Non, vous ne serez pas comme un zombie. Si le traitement est conduit alors que vous demeurez dans votre milieu de vie habituel, le choix de l'antidépresseur et les doses utilisées doivent être compatibles avec la poursuite d'une vie normale. Si ce n'est pas le cas, c'est que le traitement est mal adapté et qu'il faut le modifier ou qu'il faut envisager d'autres solutions : arrêter le travail, rester chez soi quelque temps, entrer en clinique peut-être.

« Docteur, n'avez-vous jamais d'échecs ? »

Si, nous en avons. Nous ne guérissons pas à tout coup tous les déprimés. Certains guérissent moins vite, d'autres résistent aux traitements. Dans ces cas, nous ne sommes pas totalement impuissants, nous disposons de stratégies de rechange pour tenter de venir à bout de ces formes particulières de dépression, dites résistantes.

« Faut-il arrêter de travailler ? »

Beaucoup de déprimés, pour être soignés, doivent arrêter leur travail et prendre du repos. Pour certains, cet arrêt de leurs activités est néfaste parce que leur présence au travail est indispensable, ou qu'ils l'estiment ainsi. Une telle décision ne peut se prendre qu'à deux. Bien souvent la présence du déprimé à son travail, dans l'état où il est, le dessert plutôt ; il faut souvent en convaincre le déprimé qui a scrupule à s'arrêter.

Ce repos doit être d'une durée suffisante : on ne se « remonte » pas en une semaine. Un arrêt trop bref peut même être nocif : partir huit jours, constater à son retour que rien n'a changé, ni pour soi, ni autour de soi, ne peut qu'aggraver le désespoir. Une mise au repos doit en général durer un mois.

Encore faut-il s'entendre sur la signification du mot repos : c'est se couper des stimulations quotidiennes, c'est également pouvoir vivre dans une ambiance chaleureuse, mais sans sollicitude excessive. Quelquefois, ces conditions sont réunies dans le milieu de vie habituel. Dans d'autres cas, il faut partir dans une famille amie, en province ou chez des parents…

L'ordonnance est rédigée, la maladie et le traitement expliqués dans leurs grandes lignes. Le déprimé est déjà un tout petit peu soulagé.

Un rendez-vous est pris pour quinze jours après et le déprimé doit téléphoner en cas de problème et attendre l'effet du traitement.

Dans bon nombre de cas, l'évolution est d'emblée favorable : sommeil, anxiété et appétit s'améliorent rapidement ; secondairement, l'intérêt à la vie revient ; l'inhibition est moins forte ; le pessimisme se réduit ; l'espoir renaît.

À ce stade, le problème est souvent celui des effets indésirables. Ils ne sont pas obligatoires, mais fréquents ; ils ne doivent pas inquiéter, ni faire interrompre le traitement sans avis médical.

On peut s'attendre, notamment avec les antidépresseurs tricycliques, aux manifestations suivantes :

– sécheresse de bouche, sueur, constipation, plus rarement troubles visuels ;
– vertiges, hypotension, en particulier au lever ;
– tremblement des doigts.

Pour réduire chacune de ces manifestations, des solutions existent. Le médecin, en fonction de leur cause et de leur intensité, proposera de petits conseils d'hygiène de vie, des modifications pour la répartition des prises de médicaments ou bien des produits destinés à corriger les effets indésirables.

Les antidépresseurs dits IRS sont en principe mieux tolérés. On décrit cependant des troubles digestifs (nausées, vomissements, diarrhées), des tremblements, des modifications de l'appétit et du poids et des troubles sexuels, un manque de désir essentiellement.

Cette période est celle des adaptations de posologie et les informations fournies par le malade sont des guides pour cette « navigation à vue ». On comprend l'importance de sa participation active.

Pour résumer cette première période, rappelons que le but du traitement initial est de fournir une aide immédiate : réduire l'anxiété, améliorer le sommeil, limiter le désespoir. L'effet proprement antidépresseur, ou amélioration franche de l'humeur, demandera trois semaines. Le soulagement peut être rapide, mais la guérison est plus longue. Progressivement, on voit apparaître le retour à un meilleur sommeil, une reprise de l'appétit, une envie de retravailler, un meilleur fonctionnement intellectuel, une meilleur harmonie affective. Durant ce premier temps, il faut savoir passer sur certains inconvénients du traitement.

Certains déprimés doivent, pour cette première phase, être hospitalisés. Nous verrons pourquoi plus loin.

L'entourage familial nous pose souvent des questions sur le comportement qu'il doit avoir, ce qu'il doit dire, ce qu'il doit faire. La réponse, sauf dans quelques cas particuliers, peut se résumer ainsi : **« Restez naturel, soyez chaleureux. Si votre attitude est dictée par le bon sens et l'affection, vous ne pourrez pas faire d'erreur grave ».**

LE DEUXIÈME MOIS : RETOUR À LA VIE ACTIVE

Dans la seconde phase, celle du retour à la vie active, il faut aboutir à une guérison complète et ne pas se contenter d'une simple amélioration qui laisserait subsister un état intermédiaire, une guérison « partielle ». Il faut aussi redonner un certain confort de vie au patient. Les inconvénients dus à l'usage des antidépresseurs peuvent être corrigés et disparaîtront en diminuant les doses ou en changeant d'antidépresseur. On ne peut prétendre avoir guéri vraiment telle femme déprimée si parallèlement elle a pris quinze kilos... Notons, au passage, qu'à ce stade, où généralement l'appétit est revenu, il est bien souvent utile de surveiller son alimentation pour ne pas reprendre des kilos excédentaires. Quelquefois, une meilleure répartition des prises dans la journée diminue considérablement les effets secondaires gênants. Une prise unique, le soir, concentrera au cours de la nuit le maximum des effets sédatifs, évitant ainsi la somnolence diurne.

Le déprimé doit savoir que son bien-être est un souci permanent pour nous : il a le droit d'être exigeant sur ce point, d'autant que le traitement durera plusieurs mois. Il sera d'autant plus enclin à le poursuivre que ce traitement sera dénué d'inconvénients majeurs. Il est vrai cependant que les antidépresseurs peuvent diminuer, voire supprimer, assez fréquemment le désir sexuel, ou encore diminuer, voire interdire, la réalisation de l'acte. Il faut bien en informer le malade. Il faut lui dire aussi que ce n'est que temporaire. Généralement, lorsque les antidépresseurs ont triomphé de la dépression, l'activité sexuelle redevient normale, même si le traitement est poursuivi : c'est d'ailleurs un des critères de guérison du déprimé.

De nombreux arguments sont avancés pour interrompre le traitement au plus tôt. Il faut résister à une telle tentative.

C'est souvent à cette période, celle où le déprimé est apparemment guéri, qu'il s'entend « conseiller » : « Arrête toutes ces cochonneries ». Il y a pourtant absolue nécessité de maintenir une dose efficace pendant plusieurs semaines. Là encore, le sujet sera d'autant plus coopérant dans le traitement qu'il en aura compris la nécessité, qu'il sera informé des risques de rechute en cas d'interruption prématurée.

En même temps que son état s'améliore, le déprimé prend conscience qu'on peut faire une dépression comme on fait une hépatite virale. Si, pour le patient, cette constatation devient rapidement une évidence, les choses sont souvent moins simples pour son entourage socioprofessionnel. On lui conseille d'ailleurs volontiers de ne reprendre ses activités qu'en totale possession de ses moyens.

La seule façon de combattre les idées fausses, à propos de la dépression, c'est de revenir en bonne forme, de démontrer, jour après jour, que la dépression n'est plus qu'un lointain souvenir.

Pour certains déprimés, il apparaît au contraire évident que la dépression n'est pas arrivée par hasard. C'est le moment où il devient possible de s'interroger sur ses causes, sur les problèmes de fond (s'il y en a), que ce soit en tout début de traitement ou après quelques semaines.

LE TROISIÈME TEMPS : CONSOLIDATION

Le troisième temps du traitement, soit le temps de consolidation ou de convalescence, est variable en fonction des sujets. L'expérience nous montre qu'un traitement antidépresseur, doit être prolongé sur plusieurs mois. L'interrompre trop tôt, c'est prendre un risque. C'est souvent au cours de cette longue période, alors qu'il va tout à fait bien, que l'ex-déprimé craint d'être « drogué » : « Je vais bien, docteur, je ne vais pas prendre ces trucs éternellement », « Je suis drogué, puisque je dois continuer ce traitement ».

Les choses ne sont pas si simples : la suppression du traitement antidépresseur ne créerait aucun état de manque ; il n'y a pas de dépendance. À la question : « Quand on en a pris, a-t-on du mal à s'en passer ? », la réponse, en ce qui concerne les antidépresseurs, est : « non », sans ambiguïté. En revanche, ce problème se pose pour les tranquillisants et les hypnotiques ; c'est pourquoi on supprime généralement ces produits bien avant d'arrêter le traitement spécifiquement antidépresseur. Cet arrêt n'est pas toujours facile. Quand on interrompt la prise d'un somnifère, il faut admettre de moins bien dormir pendant deux ou trois nuits, et cela, à cause d'un effet rebond possible.

Pendant plusieurs mois, le sujet reste fragile. Pourquoi prendre des risques inutiles en arrêtant brutalement un traitement à doses réduites et bien tolérées ?

« Mais alors, docteur, j'arrêterai quand ? Comment ?

– Très simplement, très progressivement, après plusieurs mois de bien-être retrouvé, par paliers successifs.

Alors, docteur, je suis tranquille, c'est fini pour toujours ?

– Non, pas forcément, c'est un autre chapitre. »

C'est, pour certains, le quatrième temps du traitement.

Quand doit-on parler d'hospitalisation ?

Elle ne concerne qu'un très petit nombre de déprimés, et, cependant, elle est l'objet de beaucoup de questions de la part de nos patients. Dans ces dernières se mêlent crainte et désir : crainte de se retrouver dans un milieu psychiatrique et d'être assimilé aux autres malades mentaux ; désir d'être mis à l'écart, d'être pris en charge, l'hospitalisation étant souvent assimilée à la cure de sommeil : oubli, régression autorisée…

L'hospitalisation n'est rendue nécessaire que :

– par une souffrance trop intense et par un danger permanent de suicide ;

– pour certains malades trop isolés socialement ;

– pour ceux qui posent des problèmes médicaux délicats, du fait d'un mauvais état général, par exemple ;

– ou lorsque le traitement fait appel à des techniques particulières : perfusions d'antidépresseurs, électrochocs.

L'hospitalisation constitue généralement une mise à distance des problèmes quotidiens, de l'agressivité ambiante ou d'une trop grande sollicitude de l'entourage ; cette « mise sur la touche » peut être, dans certains cas, un élément essentiel du traitement.

La durée d'hospitalisation n'est pas inférieure à trois semaines et n'excède généralement pas un mois. Entrer pour dix jours en clinique ne signifie rien : s'il faut être hospitalisé, autant en tirer les bénéfices. Or nous savons que les antidépresseurs n'ont d'effets réels qu'après trois semaines. C'est également le délai qu'il faut pour observer une évolution psychologique. Il faut le dire au malade.

Cette hospitalisation peut se faire évidemment en hôpital psychiatrique. Malheureusement – et on doit le regretter – les conditions hôtelières de la plupart des hôpitaux psychiatriques sont souvent déplorables : la promiscuité est la règle et cela nuit au traitement du déprimé. Nous conseillons donc plus volontiers une hospitalisation en clinique spécialisée où les conditions hôtelières sont en général meilleures. En outre, le traitement de la dépression ne demande pas un équipement technique important. La collaboration des autres services spécialisés (cardiologie, réanimation, gynécologie...) est quelquefois nécessaire et peut inciter à choisir l'hôpital.

La plupart de ces cliniques sont conventionnées. Si elles ne le sont pas, il est prudent de se renseigner sur le coût.

Dans une clinique conventionnée, la Sécurité sociale règle directement les frais d'hospitalisation ; lorsqu'elle est « agréée », la clinique est réglée par le patient qui doit avancer l'argent, puis il sera remboursé par la Sécurité sociale et, éventuellement, la mutuelle complémentaire.

Les « maisons de repos » sont plutôt des lieux de convalescence, qui permettent de poursuivre l'amélioration déjà obtenue en prolongeant une vie un peu à l'écart du milieu habituel, dans une ambiance affectivement neutre et loin des stimulations sociales.

L'hospitalisation est-elle synonyme d'isolement ? Non, elle constitue simplement une « mise à distance ». Quelquefois, cependant, on demande à la famille d'éviter les visites pendant les premiers jours du traitement. Il ne s'agit pas non plus d'une cure de sommeil et le déprimé n'est pas couché toute la journée.

Les médicaments sont le plus souvent utilisés sous forme injectable. Certains d'entre eux s'administrent par piqûres intramusculaires, d'autres par perfusions intraveineuses. Ces perfusions se font le matin et durent entre deux et trois heures. Une certaine somnolence est habituelle, pendant et après la perfusion, et il est conseillé de rester au lit une ou deux heures après. L'après-midi, il est possible de se lever, de se promener ou de participer aux activités organisées par la clinique. Dans les cliniques, le rythme de vie est assez lent, prévu pour que les malades s'y sentent bien. Cette période dure entre dix et quinze jours. Plus tard, lorsque les premiers signes d'amélioration se manifestent, le traitement par voie orale est progressivement établi, les effets secondaires se réduisent.

Certaines dépressions, qui répondent mal aux différents traitements entrepris, obligent à proposer une hospitalisation. Ce n'est pas la gravité aiguë de l'état dépressif qui est en cause, mais, au contraire, le caractère « traînant » de la dépression, et donc la nécessité de recourir à des techniques particulières de traitement qui ne peuvent se faire qu'en milieu hospitalier.

Les dépressions résistantes posent des problèmes techniques délicats. L'association de plusieurs antidépresseurs est souvent essayée.

Dans ces cas difficiles, on est quelque fois amené à doser la concentration d'antidépresseur (et de ses dérivés) dans le sang. Ces techniques de dosage confirment que, pour une même dose administrée, les concentrations sanguines sont très variables d'un patient à un autre. Cela explique que la dose d'antidépresseur administrée est très différente d'un sujet à un autre. La dose ne dépend pas seulement de la gravité de la dépression, mais surtout de la façon dont le médicament se comporte dans l'organisme du déprimé (absorption, transformation, élimination).

L'intérêt majeur des traitements injectables est de garantir une meilleure sécurité pour l'obtention rapide des doses sanguines nécessaires.

Une amélioration franche étant obtenue, le malade peut poursuivre son traitement chez lui ou passer un temps de post-cure dans ces établissements dits de convalescence.

Le choix se fait alors en fonction du mode de vie, de l'organisation familiale et du contexte social. L'essentiel est de se retrouver « comme avant ».

Et la cure de sommeil ?

Souvent, nos patients déprimés nous demandent d'entrer en clinique pour faire une cure de sommeil. Comme si un temps d'oubli et de régression pouvait être, à soi seul, la solution... La plupart vivent cette cure comme un retour à la vie intra-utérine qui effacera tout le présent et son caractère douloureux.

Il y a là une double erreur. La première est de penser qu'un « temps d'oubli » aura un effet bénéfique suffisant. En fait, à son réveil, le sujet se retrouvera exactement dans le même état psychologique que huit ou quinze jours plus tôt. Ensuite, la deuxième est de croire que la dépression ne se guérit exclusivement que par des agents extérieurs : médicaments, électrochocs, etc. Certes, un déprimé ne peut guérir sous l'effet de sa seule volonté, le traitement est indispensable. Mais il n'est pas suffisant. Il faut parallèlement entreprendre un traitement psychologique. C'est pourquoi le sujet doit rester lucide. Il faut qu'il ait pleinement conscience de son état et de ses implications ; et non qu'il l'oublie. D'ailleurs, nous insistons toujours auprès de nos patients sur ce fait : si le traitement les transforme en zombie, c'est qu'il est mal choisi ou mal adapté. Et ce n'est pas un paradoxe d'ajouter que certains déprimés sont traités, au contraire, par privation de sommeil totale ou partielle. Il leur arrive d'ailleurs de le découvrir tout seul : après une nuit blanche, ils se sentent plus dynamiques et quelquefois même un peu euphoriques. Et ce n'est pas une illusion : les enregistrements de sommeil des déprimés ont permis d'isoler des aspects assez spécifiques. À partir de ces constats, on a entrepris de traiter les déprimés par une privation partielle de sommeil, à des moments bien déterminés de la nuit. Il s'agit encore de traitements expérimentaux, dont les effets sont relatifs et le plus souvent de courte durée, mais, associés aux antidépresseurs, ils peuvent renforcer l'efficacité de ces derniers. L'interprétation de telles données expérimentales est difficile : le mécanisme d'action supposé pour de telles approches serait celui d'une intervention directe sur la régulation des cycles internes chronologiques.

Mais nous sommes là très loin de la cure de sommeil, qui est une technique réservée à des cas très particuliers et qui n'est, par ailleurs, pas sans inconvénients : il n'est pas rare que ce traitement soit suivi de troubles du sommeil, quelquefois durables.

Les électrochocs ?

« Ça se fait encore ? » nous demande-t-on souvent. Oui ! En effet, dans certaines formes très précises, et relativement rares de dépression, ils représentent la forme de traitement la plus rapide et la plus efficace.

Ils ne sont jamais proposés de prime abord : leur image est trop négative dans le public. Mais ils demeurent, n'en déplaisent aux sceptiques, la méthode thérapeutique la plus constamment et la plus rapidement efficace dans les dépressions dites majeures, particulièrement dans celles où existent des aspects délirants, des thèmes d'auto-accusation et de culpabilité. Ils présentent, en fait, moins d'inconvénients que beaucoup de médicaments antidépresseurs, en particulier pour les sujets âgés.

Mais, au fond, de quoi s'agit-il ? On fait passer un courant au travers du cerveau, au moyen d'électrodes placées sur chaque tempe. Cette décharge électrique (100 millivolts par seconde) entraîne une crise d'épilepsie. C'est elle qui donnait son caractère spectaculaire et angoissant au traitement. De nos jours, les électrochocs se font sous anesthésie et sous curarisants, ces derniers entraînant un relâchement musculaire. Le traitement est administré par un anesthésiste-réanimateur. En pratique, cette anesthésie dure environ une minute. Les contractions musculaires ont maintenant disparu, tout au plus observe-t-on une légère contraction au niveau de la face. Ainsi le traitement est devenu beaucoup plus « humain » et pratiquement sans danger. Il faut en moyenne six à douze électrochocs pour assurer la guérison d'un état dépressif. Leur effet gênant le plus important est de provoquer un trouble de la mémoire immédiate. Pendant la période du traitement (deux ou trois électrochocs par semaine), le sujet ne se souvient pas des séances. Les troubles de la mémoire persistent pendant six semaines environ. Pour pallier ces inconvénients, il arrive qu'on fasse des électrochocs en ne plaçant les électrodes que sur l'hémisphère droit, dit hémisphère mineur.

Évidemment, il est arrivé, dans le passé, qu'on abuse de ces techniques. Le film *Vol au-dessus d'un nid de coucou* témoigne, hélas, de cette réalité. Mais ce n'est plus vrai aujourd'hui. L'électrochoc est désormais limité aux dépressions majeures résistantes aux antidépresseurs. Mais dans ces cas-là, peu nombreux, ils demeurent la meilleure, voire la seule possibilité de guérir un déprimé. Bien sûr, on ne l'applique jamais qu'avec l'accord du malade.

Il faut reconnaître, au sujet de ces électrochocs, qu'ils posent une question dérangeante : comment ça marche ? Qu'est-ce que ça change ? Sur quoi cela agit-il ? Nous n'en savons rien ou presque, nous n'avons en tout cas aucune certitude. Mais n'est-ce pas le cas en médecine de nombre de découvertes empiriques ?

Stimulations magnétiques transcrâniennes

Cette méthode qui semble être d'une innocuité presque totale, pourrait apparaître très intéressante dans le traitement des dépressions résistantes.

La variation d'un champ magnétique produit un courant électrique qui dépolarise les cellules nerveuses de façon localisée. Cette méthode, encore expérimentale, entraîne chez l'animal des effets neuro-chimiques et comportementaux identiques à ceux observés après antidépresseurs ou après électrochocs.

Les premiers résultats sont incomplets et souvent contradictoires, il y a nécessité de poursuivre les travaux expérimentaux.

Photothérapie

Il s'agit d'un traitement encore expérimental. Il est né de deux observations : les dépressions récurrentes parallèles à la diminution de la luminosité et la mise en évidence du rôle de la mélatonine dans les comportements d'hibernation chez l'animal avec la possibilité de bloquer, par la lumière, la sécrétion nocturne de la mélatonine.

En pratique, à 2 500 lux d'intensité lumineuse, le sujet s'expose 2 heures chaque matin, pendant des séquences de 7 ou 14 jours, quelquefois le traitement est maintenu tout l'hiver car les rechutes sont très fréquentes. Il y a de nombreuses variantes quant à l'intensité lumineuse, quant aux horaires d'exposition ou au nombre de séances.

Les résultats les plus probants sont observés pour les dépressions saisonnières ; un effet psycho-stimulant de la photothérapie est rapporté au bout de 24 heures.

Peut-on guérir d'une dépression ?

À propos de la dépression, on entend souvent dire « ça ne guérit jamais ». Avant de comprendre les idées fausses qui alimentent cette assertion, voyons d'abord ce qui définit la guérison pour un déprimé. Cela est simple : c'est retrouver intégralement la qualité de vie d'avant la dépression – plaisir à vivre, intérêts multiples, sociabilité, bien-être physique, appétits divers…

Cette guérison, différente d'une simple amélioration, n'apparaît souvent qu'après quelques mois. La relance complète nécessite à la fois que le sujet se sente mieux et qu'il ait le désir réel de redémarrer. C'est le moment où il ne faut surtout pas s'enfermer dans les habitudes de vie éventuellement prises en phase dépressive. Il faut être exigeant sur la qualité de la guérison.

Les médecins distinguent rechutes et récidives. Un déprimé rechute lorsque après s'être senti mieux, un peu mieux, mais pas guéri, son état, de nouveau, s'aggrave après quelques semaines.

Cela est dû, le plus souvent, à un traitement insuffisant dans ses doses et sa durée. Il faut reprendre contact rapidement avec le médecin, qui modifiera la thérapeutique et ajustera les doses d'antidépresseurs.

La récidive, au contraire, apparaît après une phase de complète guérison. Bien souvent, ce sont les mêmes symptômes qui réapparaissent. Il ne faut pas perdre de temps. Lucienne, en revenant nous voir, ne s'y est pas trompée.

« Docteur, ça recommence. Depuis quinze jours, un rien me fait pleurer. Comme l'autre fois, j'ai du mal à me lever, tout redevient un effort et je n'ai plus envie de rien. J'ai peur de "craquer". Docteur, est-ce une dépression qui recommence ? Est-ce comme il y a trois ans ? Si on agit maintenant, est-ce que l'on ne peut pas l'éviter ? »

Assez brusquement sont apparus des sentiments pénibles. Tout est devenu triste, gris, terne, dans la pensée de Lucienne. Cette oppression, cette incapacité à s'extraire de la tristesse, de la morosité, à envisager un événement heureux, cet accablement, elle les a déjà ressentis. C'était il y a trois ans, quand elle a fait sa première dépression qui a duré sept mois.

Son inquiétude, cette interrogation anxieuse (« ça recommence ? ») est en fait une affirmation. Lucienne sait qu'elle est de nouveau déprimée et nous ne pouvons que confirmer. Les symptômes ne trompent pas : une tendance à se réveiller plus tôt, des hésitations dans les plus minimes décisions à prendre et cette sorte de peur diffuse. Comme l'autre fois, on ne retrouve pas de cause apparente.

Oui, c'est une nouvelle dépression : il faut reprendre le traitement. Celui qui a fait une dépression reconnaît immédiatement les symptômes d'une récidive.

Mais alors, direz-vous, on en guérit, oui ou non ? Nous serions tenté de dire : on guérit de la grippe, mais on peut, dans une vie, avoir plusieurs grippes. Beaucoup de déprimés ont fait une dépression et n'en referont jamais. D'autres en referont dans dix ans, quinze ans, sans que l'on puisse prédire ni quand, ni pourquoi.

Bien sûr, si des causes à l'origine de la dépression ont été mises en évidence, il faut les traiter. Pour des dépressions cycliques, endogènes, on préviendra les récidives par l'usage du lithium.

S'il s'agit d'une dépression d'épuisement, une meilleure hygiène de vie évitera d'y retomber.

Dans le cas où des facteurs psychologiques, des conflits familiaux ou professionnels ont semblé marquer le premier épisode, l'analyse de ces problèmes sera évidemment nécessaire afin que les mêmes causes ne reproduisent pas les mêmes effets. Plus d'une fois sur deux les déprimés guérissent, et cela d'autant mieux que le bilan de leur état aura été mieux fait, leur traitement mieux conduit, leur surveillance plus attentive.

Insistons encore sur ce fait : qui a fait une dépression reconnaîtra immédiatement les premiers signes d'une récidive, même à de nombreuses années de distance.

En effet, l'expérience est tellement particulière, tellement originale et marquante que le sujet en fait le diagnostic très tôt. Qu'il ne perde pas de temps, qu'il consulte au plus vite. Trop souvent, il tergiverse, niant une triste réalité qu'il a reconnue : la récidive.

Les trois temps du traitement, l'information sur la maladie, la compréhension relative des mécanismes en jeu devrait en principe réduire au fil du temps la fréquence des dépressions chez un même patient.

Cet espoir est souvent déçu et chez certains la dépression finit par apparaître comme une maladie de la vie entière. Un nouveau bilan doit être fait, de nouvelles décisions de prévention doivent être prises, c'est pour certains déprimés l'entrée dans le quatrième temps du traitement.

PARFOIS, LE QUATRIÈME TEMPS DU TRAITEMENT

Trois dépressions se sont succédées en quelques années, grâce à des traitements correctement suivis, les guérisons avaient pourtant été complètes.

Armelle, Loana, Émilie et Pierre-André ont tous les quatre présentés en moins de dix ans, trois dépressions sévères. Ils ont été bien traités, correctement conseillés, ils ont retrouvé dans l'intervalle de leurs épisodes dépressifs leur qualité antérieure de vie. Jamais deux sans trois, puis jamais trois sans quatre, les récidives sont probables. Est-il possible de les prévenir ? La prévention est-elle la même pour tous ? Doivent-ils se considérer comme malades chroniques ? Relèvent-ils d'un traitement antidépresseur à vie ? Sont-il responsables de leurs récidives ? Ont-ils été mal traités ? Leurs conditions de vie sont-elles en cause ? Est-ce la société qui les fait retomber malade ? Autant de questions compliquées que le quatrième temps du traitement va tenter de simplifier.

Le cas d'Armelle est le plus simple. Ses dépressions sont liées à une personnalité particulière et, à deux reprises déjà, le psychiatre qui la soigne lui a demandé d'engager une thérapie cognitive. Armelle s'est rendue aux premières séances (une vingtaine étaient prévues), puis elle s'est arrêtée considérant qu'elle allait bien et que ces exercices que demandait le thérapeute étaient fastidieux.

Elle ne s'est pas méfiée lorsque les pensées négatives sont réapparues, vision négative d'elle-même, mais aussi du monde et bientôt de l'avenir. Elle n'a pas appris à corriger ses schémas dépressogènes. Ses croyances, erronées, en s'intensifiant l'ont logiquement reconduite vers la dépression.

Pour Armelle, un traitement antidépresseur plus durable est nécessaire, mais à la prévention biologique, il convient à tout prix d'associer un traitement de thérapie cognitive.

À Loana, nous avions « prescrit », trois ans auparavant, une thérapie d'inspiration psychanalytique. Elle est intelligente, jeune, ambitieuse mais sa personnalité hystérique lui a joué et lui jouera encore des tours. Après quelques mois d'entretien chez son « psy », elle a trouvé qu'il ne lui parlait pas assez, qu'il ne s'intéressait pas à elle, qu'il ne lui expliquait rien. Puisqu'il ne l'aidait pas, elle arrêtait et le quittait…
Quelques mois plus tard une nouvelle déception la mettait en échec, la troisième dépression était là.
Le projet du traitement est déjà plus compliqué : Loana ne veut pas grossir et supporte mal les effets des antidépresseurs sur sa libido. C'est en tout cas aux antidépresseurs qu'elle attribue une réduction de son désir, une sorte d'indifférence, de non envie chronique. La psychothérapie d'inspiration psychanalytique reste toujours aussi nécessaire, mais comment la convaincre ?

De nombreux patients névrosés sont particulièrement vulnérables dans leur adaptation à l'existence, relèvent en théorie de psychothérapies, mais opposent des résistances inconscientes, telles que les conseils de prise en charge restent des vœux pieux.

Pour Émilie et Pierre-André, les décisions sont plus simples, leurs dépressions sont venues sans causes récentes explicables.

Émilie a perdu sa mère dans un accident de voiture lorsqu'elle avait deux ans. Elle a été éduquée par un grand-père puis placée dans une famille. Son père qui s'est remarié assez vite l'a un peu oubliée. Elle supporte plus que bien un antidépresseur qui la rend moins sensible aux agressions de la vie et qui, de plus, l'aide à ne pas trop manger. Nous allons nous résoudre à un traitement probable de deux à trois ans, ensuite nous verrons.
Avec Pierre-André, vingt-sept ans, nous avons dû, dès la « seconde » dépression, être plus prudent. En reprenant son histoire, nous avons

découvert qu'il avait présenté des épisodes de type dépressif dès l'enfance, puis à l'adolescence. Ce n'était donc pas sa troisième dépression. Son grand-père paternel est mort dans des circonstances mal élucidées et un suicide n'est pas exclu.
À Pierre-André, nous allons prescrire un traitement antidépresseur au long cours, sur plusieurs années pour éviter les drames.

Lorsque les dépressions tendent à se répéter, il existe un véritable devoir de prévention. Tous les moyens seront utilisés pour réduire la vulnérabilité post-dépressive. Certains paramètres échappent à la médecine et relèvent du social ; d'autres dépendent de la médecine traditionnelle (prise en charge des maladies somatiques, des pathologies douloureuses ou invalidantes). Certains appartiennent à la psychiatrie.

La décision de prescrire un traitement antidépresseur au long cours (traitement de maintenance), dans le but de prévenir les récidives futures, tient compte de données liées au passé, au présent et à l'avenir. Ces éléments concernent l'histoire du déprimé de l'enfance à la dépression actuelle, ses antécédents familiaux et les caractéristiques des précédents épisodes de dépression.

L'évaluation tient compte également de ce qu'il est possible d'anticiper raisonnablement pour le futur en ce qui concerne les conditions de vie plus ou moins stressantes, plus ou moins éprouvantes qui attendent le déprimé dans sa nécessaire adaptation.

Bien évidemment, un tel traitement ne sera jamais prescrit à vie. Des rendez-vous de suivi réévalueront au fil des années le rapport bénéfice/risque d'un maintien sous traitement antidépresseur. Certains psychiatres, aux États-unis particulièrement, préconisent une mise définitive sous antidépresseurs dès lors que deux ou trois épisodes sont apparus au cours d'une vie. L'existence de fréquentes récidives sous antidépresseurs montrent qu'une approche aussi univoque est plus que discutable.

17 *la vie devant soi*

Après un épisode dépressif, surtout si c'est le premier, de nombreuses possibilités d'évolution sont envisageables :

– **la guérison totale** : le sujet se dit comme avant, mais l'est-il vraiment ?

– **mieux que la guérison** : le sujet se sent enrichi de l'expérience dépressive, n'est-ce pas la naïveté du miraculé ?

– **l'euphorie, l'hyperactivité** qui ont fait suite à la dépression inquiètent : « la mariée n'est-elle pas trop belle » ?

– **la guérison partielle** : persistance de troubles du sommeil, d'une émotivité excessive ou d'un manque d'ajustement dans les relations avec les autres ;

– certains symptômes, voire certains comportements, ou encore certains antécédents permettent au clinicien de prédire en partie ce qui risque de se produire dans les années à venir ;

– certaines caractéristiques d'un premier épisode dépressif peuvent faire craindre d'emblée l'entrée dans une maladie maniaco-dépressive

Longtemps on a pu croire, que le traitement du déprimé se limitait à obtenir la guérison de l'épisode aigu. **L'expérience et l'épidémiologie démontrent qu'un traitement préventif est nécessaire dans la majorité des cas.** Ce devoir de prévention commence dès la phase initiale du traitement. L'avenir du déprimé dépendant de nombreux facteurs internes et de nombreuses circonstances externes, la prévention doit donc intégrer tous ces éléments dans leur diversité.

La fréquence des épisodes dépressifs et l'importance des récidives (chez 2/3 des déprimés) conduisent les médecins à prescrire plus souvent et plus longtemps des antidépresseurs.

Une prévention est-elle possible ?

S'agit-il d'une prévention de masse (comme celle des caries dentaires ou de la grippe) ou d'une prévention individuelle ?

Doit-elle reposer sur l'utilisation extensive de médicaments spécifiques ? Si oui lesquels ? À quelle dose ? Pour combien de temps et avec quels risques d'effets secondaires ?

Les psychothérapies ont-elles un rôle à jouer ? Thérapies issues des théories analytiques ou thérapies cognitives ? Dispensées par qui ? Remboursées ou non ? Évaluées comment ? Les facteurs environnementaux, sociaux économiques jouent-ils un rôle déterminant ?

Autant de questions auxquelles les deux cliniciens que nous sommes tentons d'apporter des réponses depuis vingt ans, à partir de nos pratiques et des données de la littérature spécialisée et, soyons honnêtes, il s'agit de réponses au cas par cas.

Le rôle des responsables de santé publique est de définir, à partir de modèles issus des études médico-économiques et épidémiologiques, de grands axes de prises en charge et des algorithmes de traitement.

Celui du médecin traitant est de les adapter pour un meilleur bénéfice/risque de chacun des patients dont il a la charge à court, moyen et long termes.

La prévention s'envisage à deux comme le traitement initial : le malade et le médecin.

Auparavant, il aura fallu avoir fait le tour des informations contradictoires diffusées dans la société :

– on prescrit trop d'antidépresseurs ;

– on ne prescrit pas assez d'antidépresseurs, c'est pourquoi il y a tant de rechutes ;

– il faut accepter un certain degré de souffrance psychique que quelques « Ayatollah » s'annoncent capables de fixer ;

– il faut éviter toute médication au profit de l'hypnose, de l'acupuncture, de l'aromathérapie, de l'homéopathie…

De tout cela le malade doit être informé, après quoi il décidera avec son médecin ; c'est une manière de renouer le contrat de confiance.

La prévention commence par l'analyse de la personnalité du déprimé, par l'analyse des symptômes persistants, par l'analyse enfin du niveau d'handicap qui en découle. Ce bilan isolera les points sur lesquels le patient et le médecin peuvent agir.

Malheureusement, il fera apparaître des facteurs de risque qui ne peuvent être prévenus dans le seul cadre de la médecine : précarité, misère…

Le retour à l'état antérieur ou restitution « ad integrum ».

C'était l'objectif. Le plaisir retrouvé dans les différents compartiments de la vie lui redonne confiance et optimisme. La pulsion de vie l'a emporté. Il a recouvré un bon usage des fonctions supérieures (mémoire, concentration, jugement, décision), de même que ses appétits sexuels et alimentaires. On peut supposer que les neuro-transmetteurs ont retrouvé leur niveau de fonctionnement normal même si certains tests biologiques demandent plusieurs mois pour se normaliser.

À ce stade de l'évolution, beaucoup de patients souhaitent interrompre le traitement, ils se sentent guéris. Nous leur expliquons qu'il serait dommage de prendre le moindre risque de rechute en arrêtant trop tôt l'antidépresseur, ils ne courent pas le risque de dépendance. La décision est de toute façon préparée, partagée. Nous pensons que la personnalité, les difficultés de l'environnement, les deux parfois justifient un maintien du traitement, nous rationalisons ensemble la démarche. Parfois, nous acceptons qu'un patient qui prenait des somnifères depuis quinze ans poursuive cette habitude, même si nous pensons qu'un jour il faudra essayer de réduire cette dépendance.

Mieux qu'avant

Se déclarer à la sortie d'une dépression « mieux qu'avant » peut traduire trois situations qu'un entretien-bilan va permettre de distinguer.

Le « mieux qu'avant » n'est pas toujours objectif. Certains déprimés ont vécu si longtemps dans le climat douloureux de la dépression qu'ils en ont oublié le temps d'avant. Avec l'aide du médecin, en reprenant leur histoire, ils prennent conscience d'une ancienneté des troubles qu'ils n'avaient pas imaginée. Cette analyse a posteriori des événements permet de souligner combien l'entrée dans la dépression peut être progressive, la tendance à la chronicité insidieuse. Revoir le film de l'histoire permet d'améliorer pour les années futures le juste niveau de vigilance quant à une éventuelle récidive.

Parfois le « mieux qu'avant » est réel. Au décours de l'épisode dépressif, grâce à un traitement adéquat, des prises de conscience ont eu lieu, des questions sont apparues, il a été possible d'y répondre. Les aspirations, jusqu'alors enfouies, ont pu venir à la conscience, parfois elles étaient là, mais le sujet n'osait pas les satisfaire. Aujourd'hui, des décisions peuvent être prises. Le médecin qui a contribué à faire apparaître ces désirs de vie, va aider le sujet guéri à tester les moyens pour leur mise en œuvre. Sans directivité, sans suggestion, le patient n'en a plus ni envie ni besoin, il est un interlocuteur privilégié qui connaît assez bien l'histoire. Si de bonnes décisions étaient envisagées et ne sont pas poursuivies, le médecin sans insistance excessive, sans vouloir quelque chose « à la place de l'intéressé », saura rappeler les grandes lignes du nouveau projet de vie qui avait été dessiné.

Certains sont mieux que bien, ils sont trop bien. Pleinement heureux, enjoués, volubiles, ils nous manifestent avec excès leur reconnaissance pour cette formidable guérison. Ils oublient de mentionner qu'ils dorment peu, achètent trop et sont extrêmement caustiques. Ceux-là en sortant de la phase dépressive ont commencé d'inverser leur humeur : ils sont hypomanes et risquent de virer à la manie franche, dont nous avons fait la description. Le psychiatre doit permettre une prise de conscience subtile mais fondamentale : la douce euphorie dans laquelle vous vivez n'est pas synonyme de guérison, mais d'un virage de votre humeur, si nous n'arrêtons pas cela, les risques sont réels.

Toutes les hypomanies ne sont pas dramatiques. Certaines sont minimes, transitoires, il est possible de respecter leur déroulement et d'admettre une période de « récompense » après le cauchemar dépressif. Le traitement antidépresseur est, bien sûr, immédiatement interrompu. Mais le psychiatre doit rester attentif et savoir anticiper. Au moindre risque de dérapage, si les symptômes tendent à monter en puissance, si l'arrêt des antidépresseurs n'a pas suffi, un traitement antimaniaque est proposé. Ici encore, c'est à deux que la décision est prise, ici encore il faut informer des risques de la manie, de ses ravages parfois. Il faut convaincre de prendre le traitement, de modifier certains comportements dangereux. La famille est associée, dans toute la mesure du possible, à l'élaboration de ce nouveau projet de traitement.

Dans quelques cas, ce virage maniaque est la première manifestation de ce qui, hélas, va constituer une forme plus grave de troubles de l'humeur : le trouble bipolaire. Des caractéristiques cliniques de l'épisode dépressif initial, son mode d'apparition, son intensité, l'existence de troubles thymiques marqués ou de suicides chez les parents, grands-parents, oncles, tantes, la mise en évidence d'épisodes thymiques antérieurs font évoquer un diagnostic que seul l'avenir confirmera vraiment.

18 guide pratique

DÉPRIMÉ(E), OUI OU NON ?

Vous pensez être déprimé(e)

Vous pouvez tester vous-même cette idée : répondez au questionnaire suivant*.

Les questions qui le composent se rapportent à ce que vous ressentez **en ce moment.** Pour chacune des phrases, vous devez répondre « Vrai » si la phrase décrit votre état actuel ; « Faux » dans le cas contraire.

Il est indispensable de répondre à *toutes les questions*. Répondez rapidement. Au cas où vous hésitez sur la réponse, choisissez celle qui, en gros, correspond le mieux à votre état.

En face de chaque phrase, mettez une croix, soit dans la colonne « Vrai », soit dans la colonne « Faux ». N'oubliez pas de répondre à *toutes* les questions.

---

* P Pichot, CB Pull, W Rein, A Thibault. Un questionnaire d'auto-évaluation de la symptomatologie dépressive, le questionnaire QD2. U. Forme abrégée QD2A. Revue de Psychologie appliquée, 1984, *34* : 321-340.

	Vrai	Faux
En ce moment, ma vie me semble vide		
J'ai du mal à me débarrasser des mauvaises pensées qui me passent par la tête		
Je suis sans énergie		
Je me sens bloqué(e) ou empêché(e) devant la moindre chose à faire		
Je suis déçu(e) et dégoûté(e) par moi-même		
Je suis obligé(e) de me forcer pour faire quoi que ce soit		
J'ai du mal à faire les choses que j'avais l'habitude de faire		
En ce moment, je suis triste		
J'ai l'esprit moins clair que d'habitude		
J'aime moins qu'avant faire les choses qui me plaisent ou m'intéressent		
Ma mémoire me semble moins bonne que d'habitude		
Je suis sans espoir pour l'avenir		
En ce moment, je me sens moins heureux(se) que la plupart des gens		

RÉSULTATS

Si vous avez 7 ou plus de 7 croix dans la colonne « Vrai », vous êtes très probablement déprimé(e) : allez voir votre médecin.

Mais, si vous avez moins de 7 « Vrai », et que vous ne savez pas bien où vous en êtes, ne restez pas sur une interrogation qui vous accompagne depuis plusieurs semaines : consultez ! Il est tellement difficile de faire le diagnostic pour soi-même.

Ce questionnaire, même s'il est rempli avec un souci d'authenticité, n'a valeur que d'indication et non de diagnostic.

Deux tendances opposées peuvent fausser son résultat :

– un sujet qui se défendrait trop contre l'idée de la dépression pourrait annuler ses idées dépressives, répondre trop souvent « **Faux** », obtenir un score inférieur à 7, mais être cependant déprimé ;

– au contraire, un sujet qui aurait une tendance naturelle à se plaindre de tout et de rien, répondrait « **Vrai** » à beaucoup de questions, obtiendrait un score supérieur à 7 et n'aurait pas pour autant une dépression.

Vous pensez qu'il (ou elle) est déprimé(e) ?

Si vous pensez qu'un de vos proches est déprimé, vous êtes dans l'obligation morale de le lui faire savoir.

Comment vous y prendre ?

Évitez l'utilisation de mots évoquant un diagnostic, dire plutôt : « Je trouve que tu ne vas pas bien, tu devrais consulter... ».

Et mieux vaut dire : « Je te trouve fatigué, changé, pas comme avant, tendu... », que d'apporter des preuves extraites des propos ou des comportements récents du sujet.

Dites tout cela brièvement, n'espérez pas un acquiescement immédiat. Sachez y revenir sans impatience.

Faites comprendre que consulter n'est pas synonyme d'être malade, que cela permet simplement d'en mieux juger.

Cette façon de dire les choses témoigne de la sollicitude, mais évite quiproquo et procès d'intention ; il ne faut en aucun cas que ces remarques puissent être perçues comme agressives.

COMMENT CHOISIR SON MÉDECIN ?

Vous avez un médecin en qui vous avez confiance

C'est lui qu'il faut consulter.

Il vous soignera lui-même ou vous adressera à un spécialiste (pour simple avis ou pour conduite du traitement).

Vous n'avez pas de médecin

Il vaut mieux consulter un psychiatre (l'avis du spécialiste n'intervient pas seulement pour les états graves).

Comment choisir le spécialiste

Certainement en interrogeant des amis de confiance.

Les « titres » du spécialiste ne sont pas une garantie mais une indication importante.

Ce que l'on peut apprendre de ses qualités humaines demeure un des critères fondamentaux.

Après la consultation, posez-vous les questions suivantes, être rassuré dans l'instant ne suffit pas :

– vous percevez qu'il a compris ce que vous ressentez ;
– vous ne vous êtes pas senti jugé ;
– il vous a laissé parler, mais a posé les bonnes questions ;
– vous avez pu faire part de vos doutes et de vos interrogations ;
– il ne s'est pas présenté comme tout-puissant, mais vous sentez qu'il peut puissamment vous aider ;
– il a parlé et il a su vous expliquer ;
– il a su vous faire comprendre comment il allait vous soigner ;
– outre son savoir, il vous semble avoir du bon sens ;
– il a le souci d'être accessible (vous savez comment le joindre) ;
– vous sentez que vous pouvez faire équipe avec lui.

AUTOUR DE VOUS, QUELQU'UN ÉVOQUE L'IDÉE DE SUICIDE

Même si la situation vous semble « théâtrale », prenez-la au sérieux (on ne sait jamais), mais sans la dramatiser.

Prenez le temps d'écouter, laissez parler.

Obtenez l'adresse d'un parent, d'un ami, du médecin habituel, vous les alerterez sans les affoler.

Proposez de rappeler ou de vous rencontrer dans un avenir proche.

Mieux vaut être trop présent que pas assez.

En cas de suicide :

– si votre formation vous a donné des connaissances suffisantes dans le domaine du secourisme, utilisez-les en fonction de la situation rencontrée ;

– de toute façon, prenez contact avec les services spécialisés de votre région :

- centre antipoison : pour recueillir des conseils immédiats ;
- pompiers-Samu-police : pour conduire, dans les meilleures conditions, les plus sûres et les plus rapides, un sujet inconscient dans un service où il sera réanimé.

TRAITEMENTS

Le traitement d'une dépression implique l'usage de médicaments psychotropes, médicaments du cerveau qui appartiennent à plusieurs classes :

Les **antidépresseurs** constituent le traitement spécifique, leur action est de relever l'humeur dépressive. Leur effet thérapeutique apparaît au mieux après douze à quinze jours.

Les **tranquillisants** peuvent y être associés, afin d'apaiser rapidement l'angoisse (en attendant, notamment, l'action de l'antidépresseur). Ils n'ont aucun effet réellement antidépresseur.

Les **hypnotiques** ne sont pas toujours nécessaires. Ils ont pour seul effet, chez le déprimé, d'induire le sommeil. Ils doivent être utilisés pour une durée brève.

Le **lithium** et les autres **thymorégulateurs** ne guérissent pas une dépression. Ils empêchent les récidives chez les sujets maniaco-dépressifs ou cyclothymiques.

La psychothérapie fait partie intégrante du traitement d'un déprimé. Initialement, psychothérapie et médicaments doivent être associés. Ultérieurement, la psychothérapie peut prendre une forme particulière, en fonction de la personnalité du sujet :

Dans un premier temps, il s'agit d'aider le sujet à gérer son existence en fonction de la dépression.

Dans un deuxième temps, des techniques psychothérapiques particulières sont proposées du fait de difficultés permanentes reconnues dans la vie du sujet.

Les principales techniques psychothérapiques sont :

– les psychothérapies de soutien ;
– les psychothérapies d'inspiration psychanalytique ;
– la psychanalyse ;
– les thérapies comportementales.

CARNET DE BORD DU TRAITEMENT

Le premier mois

C'est la recherche de la dose optimale : c'est-à-dire active au plan thérapeutique et comportant le moins possible d'effets indésirables.

Deux catégories de signes marquent le déroulement du traitement.

Signes d'amélioration	Problèmes
	Une **intolérance** au traitement est possible, mais rare. Exemple : vomissements, diarrhées, sensations d'ivresse, éruptions cutanées(1).
6-5 jours • diminution de l'anxiété ; • meilleur sommeil ; • reprise discrète d'appétit.	
	Apparition d'effets indésirables **1** Vous en étiez averti, leur intensité est supportable : continuez. **2** Ils étaient prévus, mais leur importance vous surprend(2). **3** Ils sont inattendus et très gênants(3).
15-20 jours Vous êtes **déjà mieux.** Vous supportez bien le traitement : meilleure activité, – moins de pessimisme, – reprise affective, – concentration améliorée. La posologie du traitement est maintenue ou augmentée.	**Rien ne va, rien ne change,** ou alors vous êtes plus mal(4). – Avez-vous bien compris l'ordonnance ? – Suivez-vous exactement le traitement ?

(1) Revoyez votre médecin, il changera probablement d'antidépresseur.
(2) Téléphonez à votre médecin, il modifiera la dose, associera des correcteurs ou fera les deux.
(3) Prévenez votre médecin qui vous expliquera.
(4) Revoyez votre médecin (n'hésitez pas à vous faire préciser les choses).

Après un mois

L'amélioration est manifeste	Il n'y a pas d'amélioration
• Vous allez mieux, mais vous n'êtes pas guéri. • Vous devez poursuivre le traitement sur plusieurs mois. • Suivez les avis de votre médecin. Résistez aux mauvais conseils. • Sachez que vous devez prendre des antidépresseurs, généralement à doses réduites, mais pendant environ six mois.	**1** Prenez-vous bien le traitement indiqué ? (Si ce n'est pas le cas, n'hésitez surtout pas à le dire au médecin.) **2** Avant d'affirmer l'inefficacité de l'antidépresseur choisi, le médecin va réévaluer : – la dose, – l'association possible d'un autre antidépresseur, – ou faire doser le médicament dans le sang. **3** Le changement d'antidépresseur ne doit se faire qu'après au moins un mois de traitement : les chances de succès augmentent considérablement. **4** Il ne faut pas rester des mois avec un même traitement antidépresseur inefficace ou insuffisamment efficace. Votre médecin doit le changer.

Malheureusement, toutes les dépressions n'évoluent pas de façon aussi favorable. Certaines résistent davantage. Il est bien rare qu'on ne trouve pas de solution.

Vous êtes guéri(e), mais vous gardez un traitement d'entretien

Les uns après les autres, les symptômes qui étaient apparus, au cours de votre dépression, ont disparu :

– vous êtes de nouveau heureux de vivre ;

– vous avez retrouvé vos intérêts, vos désirs, votre famille, vos amis, votre travail ;

– vous vous sentez « comme avant ».

L'expérience montre qu'il est prudent de poursuivre pendant au moins six mois un traitement antidépresseur : la posologie de ce traitement est réduite, ce n'est pas une raison pour l'oublier.

Un jour, en accord avec le médecin, vous arrêtez votre traitement

Vous êtes guéri(e) d'une dépression, vous vous interrogez sur l'avenir

Vous pouvez ne jamais rechuter, cette éventualité est fréquente.

Vous devez tirer des enseignements de cette dépression, plusieurs hypothèses sont envisageables :

– mauvaise hygiène de vie, surmenage, épuisement sont en cause, il vous faut voir comment ne pas répéter les mêmes situations, ça ne peut pas se faire tout seul ;

– votre dépression était *consécutive à un événement objectivement traumatisant* (deuil, séparation, chômage...) : il vous faut réapprendre à vivre. Vos ressources personnelles, la qualité de votre entourage peuvent suffire. Il n'est pas inutile, en tout cas pas honteux, de se faire aider, un temps, par son médecin.

– vous avez compris que cette dépression a *révélé ou souligné des problèmes de personnalité*. Ils existent et vous gênent depuis longtemps : une psychothérapie plus durable doit être envisagée.

– on a découvert que *la dépression était le symptôme d'une maladie organique* (hormonale, neurologique, digestive...) : la surveillance portera sur la maladie en cause.

Cette dépression n'était pas la première :

– elle a fait suite à *plusieurs autres*, survenues sans cause apparente. Le délai entre ces dépressions tend à se raccourcir. Vous vous sentiez de plus en plus vulnérable malgré le travail psychothérapique accompli. Le principe d'un traitement préventif par antidépresseur est de rigueur.

– vous avez traversé des périodes d'euphorie et d'excitation anormales.

– vous avez connaissance de *dépression chez certains membres de votre famille* : un traitement préventif par thymorégulateur est à discuter.

Plus tard...

– Vous retrouvez un matin les **sensations désagréables** de votre ancienne dépression, les jours suivants ça recommence. N'attendez pas – ce n'est peut-être rien, mais servez-vous de votre expérience pour demander rapidement un avis médical.

– **Vous allez bien**, cette dépression est un mauvais souvenir, vous l'avez déjà en partie oubliée. Parfait, tournons la page.

Demeure en vous cette expérience difficilement communicable qui vous permettra, face aux idées fausses, de rétablir autour de vous un peu de vérité dont les déprimés ont tant besoin.

CET OUVRAGE
A ÉTÉ REPRODUIT
ET ACHEVÉ D'IMPRIMER
SUR ROTO-PAGE
PAR L'IMPRIMERIE FLOCH
À MAYENNE EN SEPTEMBRE 2002

N° d'éd. 10653. N° d'impr. 55128.
D. L. : octobre 2002.

(Imprimé en France)